Networking & Empreendedorismo

Descubra, através de histórias, dicas e estratégias de vários profissionais, como estabelecer uma rede de relacionamentos onde todos possam ganhar e se sentir úteis

Coordenação: Andréia Roma & Marli Arruda

1ª edição

Editora Leader.

São Paulo, 2016

Copyright© 2016 by Editora Leader
Todos os direitos da primeira edição são reservados à **Editora Leader**

Diretora de projetos: Andréia Roma
Diretor executivo: Alessandro Roma
Gerente comercial: Liliana Araujo Moraes
Atendimento: Érica Ribeiro Rodrigues

Projeto gráfico e diagramação: Roberta Regato
Capa: Raul Rangel
Revisão: Miriam Franco Novaes
Impressão: Colorsystem

Dados Internacionais de Catalogação na Publicação (CIP)
Bibliotecária responsável: Aline Graziele Benitez CRB8/9922

N391   Networking & empreendedorismo: descubra, através de histórias, dicas e estratégias de vários profissionais, como estabelecer uma rede de relacionamentos onde todos possam ganhar e se sentir úteis / coordenação de Andréia Roma, Marli Arruda. – 1.ed. – São Paulo: Leader, 2016.

ISBN: 978-85-66248-66-1

1. Networking - estratégia. 2. Empreendedorismo. 3. Relacionamento – profissional. 4. Trabalho em equipe.
I. Arruda, Marli. II. Título.

CDD 658.314

Índice para catálogo sistemático: 1. Networking: estratégia 658.314
2. Relacionamento profissional: trabalho em equipe 658.314

EDITORA LEADER
Rua Nuto Santana, 65, 2º andar, sala 3 - Jardim São José, São Paulo - SP
02970-000 / andreiaroma@editoraleader.com.br
(11) 3991-6136

As coletâneas da Editora Leader estão cada vez mais inovadoras e atuais. Diferente de outras editoras, a Leader apresenta ao mercado o que há de mais atual em diversas temáticas, levando o leitor a um maior nível de conhecimento.

Este livro "Networking & Empreendedorismo", coordenado por Andréia Roma e Marli Arruda, por exemplo, apresenta ao leitor uma visão completamente diferente do que o mercado vem abordando sobre o tema, com aplicabilidades, cases e experiências reais.

Visite nosso site e conheça nossas obras.
www.editoraleader.com.br

Agradecimentos

Um dos aprendizados em minha vida é que, quando queremos contribuir com algo importante, precisamos nos preparar cada vez mais.

Comparo o tema NETWORKING & EMPREENDEDORISMO com uma grande escalada, algo que temos de alcançar e está lá no topo da montanha, montanha esta que pode ser a visão de um objetivo final ou a realização individual. Com este ponto de vista duramente conquistado poderemos ver as coisas que nunca tínhamos visto anteriormente. Enfim, vocês, ao lerem este agradecimento, podem me achar uma editora maluca, porém, o que quero demonstrar aqui é que, se nos imaginarmos escalando o Everest, teríamos que ir até o nosso limite.

Este livro apresenta dicas valiosas para você que precisa desenvolver NETWORKING & EMPREENDEDORISMO, para você que está na escalada e ainda sente que precisa de algo mais para chegar ao topo. Para você que se depara com desafios diários e precisa de mais combustível. Para você que precisa trocar as cordas para escalar melhor e com mais segurança, pois sente que as suas táticas estão ultrapassadas. Para você que quer estar em um patamar diferente do atual e quer ir além do topo, pois entende que o topo não é o final e tem muito mais depois disso.

Meus agradecimentos a você que quer ir além da montanha e conhecer a fundo NETWORKING & EMPREENDEDORISMO em sua vida e carreira.

Meus agradecimentos aos coautores convidados que fizeram real esta temática.

Em especial à amiga e coordenadora convidada Marli Arruda que com sua experiência no assunto uniu grandes profissionais.

Meu último agradecimento a você, leitor, que terá uma outra visão após a leitura completa desta obra.

Um livro muda tudo!

Andréia Roma
Diretora de Projetos e
Fundadora da Editora Leader

Índice

Prefácio - Marcos Wunderlich 8
Introdução - Marli Arruda 10

Capítulo 1 - Anderson Skoretzky Trinca 13
De vendedor de eletrodomésticos a idealizador de um sonho

Capítulo 2 - Caroline Pitarelli 21
A importância do empreendedorismo e networking no processo de sucessão familiar

Capítulo 3 - César Tucci 29
Networking e redes colaborativas

Capítulo 4 - Darcy Paulino Lucca Junior 39
Características e comportamentos do empreendedor de sucesso –
de dentro para fora

Capítulo 5 - Deborah Perrone 49
Marca pessoal: empreendedorismo com marca

Capítulo 6 - Décio de Freitas Dias 57
O boca a boca como estratégia de marketing

Capítulo 7 - Dimitrios Asvestas 67
Conceitos fundamentais

Capítulo 8 - José Cardoso Corrêa 77
Gestão empreendedora não é uma arte. É uma prática.

Capítulo 9 - Lílian Juzumas 85
Networking Digital

Capítulo 10 - Luciana Panteleiciuc 95
Empreendedorismo e networking feminino

Capítulo 11 - Marli Arruda 103
Networking eficaz e empreendedorismo com criatividade

Capítulo 12 - Regina Lúcia Monteiro Matos 111
Deixei de ser empregado, virei empresário, e agora?

Capítulo 13 - Rogério de Moraes Bohn 119
As profundezas do empreendedorismo

Capítulo 14 - Silvia Cecilia Lourenço e Melania Maria Zambelli 127
Um repensar sobre a aposentadoria

Capítulo 15 - Sueli Felix Oliveira Guilhem 135
Crise – como utilizar as oportunidades através de network

Capítulo 16 - Thiago Polisel de Oliveira Jordão 141
Dando se recebe: altruísmo no networking

Networking & Empreendedorismo
Prefácio

Quero primeiramente agradecer este honroso convite para escrever o prefácio deste livro organizado pelas colegas Marli Arruda e Andréia Roma, presidente fundadora da Editora Leader. Ambas se conheceram em um dos meus eventos de Formação em Mentoring e Coaching na cidade de São Paulo. Assim surgiu uma amizade entre elas e uma parceria comercial que culminou na edição deste livro de Networking e Empreendedorismo.

Tenho a destacar alguns pontos, os quais citarei sem nenhuma ordem de importância. Um destes destaques é a Andréia Roma, a quem já conheço há longo tempo. É uma pessoa altamente dedicada ao bem-estar das pessoas através da aquisição de conhecimentos e leituras, razão principal pela qual fundou a Ed. Leader. Foi com enorme dedicação e altas doses de amor que já publicou muitos e muitos livros através de sua editora, sempre com agilidade, presteza e alta qualidade. Disto sou testemunha, pois eu mesmo já tive livros publicados em parceria com ela, e que foram experiências esplêndidas.

O outro destaque é a coordenadora editorial deste livro, a Marli Arruda – mentora e *coach* formada por mim no Instituto Holos, onde nos conhecemos.

Desde o início a Marli mostrou uma iniciativa ímpar e muita vontade de beneficiar o próximo através de suas atividades com pessoas. Com estilo altamente empreendedor, não foi à toa que escolheu este título de Networking & Empreendedorismo. Na realidade, é o jeito de ser e viver da Marli, então não poderia haver título mais sugestivo do que este!

Pude acompanhar os primórdios deste livro – ideias que brilharam espontaneamente na mente da Marli –: "Como nortear profissionais que querem ou já são empreendedores? Como ajudá-los a usarem ferramentas eficazes? Como mostrar a importância do *networking* no mundo dos negócios?"

Com certeza esta visão surgiu das próprias experiências da Marli, as dificuldades que ela mesma e tantos outros profissionais já passaram e ainda passam quando querem se colocar no mercado de forma diferenciada. Neste contexto surge a postura prestadia de beneficiar as pessoas com mais conhecimentos e ferramentas a partir desta edição. Lembro-me da seleção criteriosa de coautores. Reconheço-os pelo seu alto nível profissional, já tive contato pessoal com muitos deles.

Então aqui surge minha mais profunda alegria de ver uma obra composta a muitas mãos, cada um repassando generosamente o seu melhor. São profissionais de diferentes áreas, mas que têm em comum fortes experiências em *Networking* & Empreendedorismo. Por isto, este livro está destinado a ser um *best-seller* e exemplar de consultas permanentes para todos que buscam sua excelência empreendedora.

Os temários são riquíssimos – eis aqui apenas algumas palavras que extraí e que representam a riqueza que o leitor encontrará: empresa familiar, sucessão, *networking*, empreendedorismo, redes colaborativas, conceitos fundamentais, marca pessoal, criatividade, negócios, altruísmo, crise, *marketing*, boca a boca, *marketing* digital, visão, empreendedorismo feminino, atitude, ousadia.

Quero ainda dizer que este livro tem um sutil e suave fio que percorre todos os capítulos. É a linha da honestidade e da competitividade. O livro nas suas entrelinhas e no seu pano de fundo nos transmite esta competitividade, em contraposição à ideia de competição.

A competição é luta e guerra de poder de uns contra os outros. A competitividade é a capacidade de cada um ter excelência na sua profissão, destacar-se pela competência e assim dar a melhor contribuição a si mesmo e aos seus clientes.

É urgente que tenhamos profissionais cada vez mais competitivos – com excelência profissional – que possam dar contribuições cada vez melhores para o crescimento e transformação de pessoas, das empresas e de nosso país.

Marcos Wunderlich
Presidente executivo do
Instituto Holos de Qualidade
Formador em Mentoring e Coaching
Humanizado – Sistema ISOR®

Networking & Empreendedorismo

Introdução

Desde menina, dizia que queria ser uma mulher de negócios, minhas irmãs me perguntavam: "Mas que negócio?"

Eu não sabia e muito menos o que eram negócios. Aos 11 anos de idade decidi ser psicóloga e quando adulta continuei com a vontade de ser uma mulher de negócios. Bem, a única certeza que eu tinha era como conciliar estes desejos dentro da profissão.

Ao ingressar na multinacional Shell Brasil, onde trabalhei por sete anos, percebi que o mundo corporativo me fascinava, e interagir com pessoas neste ambiente era realmente o que queria para minha carreira.

Após sair da empresa, iniciei minhas atividades como consultora em gestão de pessoas, tive mentores maravilhosos que pareciam estar predestinados a me ajudarem.

Eu desconhecia as nomenclaturas *Networking* & Empreendedorismo, porém, as atitudes, tomadas de decisões e bons relacionamentos faziam parte do meu cotidiano.

Ao longo da carreira, conheci excelentes profissionais, pessoas envolvidas com o progresso, diversas observações, dicas e conselhos.

Percebi que seria interessante compilar estes conhecimentos em um único livro com experiências de empreendedores de altíssimo nível nos negócios.

Como coordenadora editorial, ao ler cada capítulo, ficava imaginando uma grande mesa com todos os coautores confabulando pensamentos inusitados, recebendo ideias e aprendendo com a experiência de cada um.

Nesta obra, caro leitor(a), você terá oportunidade de conhecer a visão, as dicas e histórias de empreendedores que passaram por dificuldades, obtiveram êxitos e que compartilharão tudo isso com você para que seu conhecimento seja ampliado e que suas possibilidades sejam infinitas.

Desejo de coração que você possa sentir esta mágica também, que cada capítulo o envolva e faça você ter novas e melhores ideias para seus negócios, para sua carreira.

A vida é feita de escolhas, e ao ler este livro você opta por aprender e refletir quais caminhos podem ajudá-lo a chegar mais rápido e com menos riscos no seu objetivo.

Cada coautor escreveu o seu melhor, no intuito de propor a você uma leitura agradável, com conteúdo de suas próprias experiências.

Deixo aqui meu agradecimento à Andréia Roma, que me inspirou e me motivou a coordenar esta edição.

Ao professor, mentor e *coach* Marcos Wunderlich, que com muito carinho aceitou escrever nosso prefácio.

E um agradecimento todo especial aos coautores que confiaram no meu trabalho e que embarcaram comigo nesta maravilhosa aventura do mundo literário para deixarmos nosso legado. Meu muito obrigada.

Marli Arruda
Psicóloga, *master coach* e palestrante

Networking & Empreendedorismo

De vendedor de eletrodomésticos a idealizador de um sonho

Anderson Skoretzky Trinca

Anderson Skoretzky Trinca

Corretor de imóveis com 14 anos de experiência no mercado imobiliário, adquiridos na Lopes como corretor e depois em São Caetano na empresa Viana Negócios como coordenador, gerente e superintendente com atuação em mais de 100 lançamentos de imóveis na planta, e também empreendendo como diretor comercial da Imobiliária Link do Grupo MZM. Atualmente corretor de imóveis autônomo com o Programa de Vendas (treinamento para corretores). Especializado na formação de profissionais de qualidade. Tem foco em gestão de equipes de vendas, e na somatória de seus resultados já comercializaram mais de 400 milhões de reais de VGV sob sua gestão (como gerente, coordenador, superintendente e diretor de vendas).

Já formou e geriu mais de 500 corretores de imóveis ao longo de sua carreira e juntos venderam mais de 1 mil imóveis.

No ano de 2016 organizou o 2º Compartilha Corretores de Imóveis ABC. Em um mercado cada vez mais competitivo, corretores e imobiliárias têm buscado ferramentas para impactar seu público-alvo.

Com a proposta de apresentar novas técnicas de vendas, o Programa de Vendas realiza o Compartilha Corretores de Imóveis ABC, evento destinado para os profissionais imobiliários da região da Grande São Paulo, realizado presencialmente em Santo André. Em janeiro de 2016 começou outro projeto Compartilha Negócios - grupo de empresários, construtores, incorporadores e diretores de empresas com intuito de conversar sobre o mercado imobiliário e desenvolver novos projetos.

(11) 94790-9058
andersonconsultoria@gmail.com
www.skoimoveis.com.br

De forma simples e objetiva coloco detalhes de como consegui encontrar soluções para empreender e aumentar minha rede de relacionamento.

Depois de cinco anos abrindo e fechando uma loja de eletrodomésticos onde conheci muitas pessoas e lidei com diversas situações e negociações - em média mil vendas por mês -, obtive uma grande experiência em lidar com pessoas. Mas sou inquieto e quero sempre algo novo, foi quando me joguei de cabeça em um novo projeto: ser corretor de imóveis.

Esta profissão é maravilhosa, sou responsável por realizar sonhos e conquistas. Nós brasileiros sonhamos com a casa própria, temos um deficit habitacional enorme, por isso me sinto responsável por ajudar pessoas. A cada dia tenho um novo desafio, conheço pessoas diferentes e ajudo a solucionar seus anseios, problemas e sonhos.

O grande desafio no concorrido mercado imobiliário da Grande São Paulo - *Network*

Todos os mercados são concorridos e ganhar espaço neste contexto exige uma série de qualidades: atitude, criatividade, ousadia, planejamento, organização, persistência, resiliência, entre outras.

Network (Desafio) - Quando colocamos como um grande desafio aumentar nossa rede de relacionamentos logo encontramos caminhos e possibilidades. Mas, na teoria fica simples, na prática precisamos ter planejamento, organização e, em minha opinião, o mais importante, ação. Durante seu dia de trabalho reserve um tempo para pensar em novas possibilidades, novas ideias. Anote tudo, depois inicie. Algumas dicas: fale todos os dias com ao menos uma pessoa que você não conheça, peça indicação de contatos para quem você já mantém contato e estipule metas. Com pequenos resultados positivos sua motivação aumenta.

Network (Atitude) - Na maioria das vezes começamos a frase com a palavra "se" onde o correto seria "vou", por exemplo: "Se fosse possível falar com aquela pessoa". Olhe a diferença nesta frase: "Vou falar com aquela pessoa". O *network* de atitude é como pular de um paraquedas, ter coragem e arriscar. Sempre com humildade, educação e empatia. Sabendo a hora de recuar, mas também com estratégia definida. Vou contar um caso que aconteceu comigo:

Certa vez fui a um grande congresso de *marketing* e vendas, participei de uma palestra espetacular, na qual o palestrante me emocionou por três vezes durante sua apresentação de 50 minutos. Passada uma semana, resolvi que gostaria de convidá-lo para palestrar no congresso que organizo (Compartilha Corretores ABC), mas não tinha nenhum contato com ele nem mesmo alguém próximo que o conhecia. Qual foi a estratégia? Mandei um *e-mail* para ele contando sobre como fiquei emocionado com sua palestra, fiz vários elogios sinceros e no final uma pergunta seguida de uma humilde declaração: "Gostaria muito de ter você como um dos palestrantes em meu evento, seria um grande sonho, mas sou sincero em dizer que neste momento não tenho condição financeira". O que aconteceu? Ele me ligou imediatamente, conversamos e para minha alegria ele compareceu ao evento. Tenho contato com ele até hoje, inclusive já fizemos vários negócios e sou aluno da Universidade das Vendas, projeto desenvolvido por ele.

Network (Recorrentes) - O processo de *network*, com o tempo, acaba ficando automático e prazeroso. Procure ser interessante e não interesseiro, com isso seus contatos irão indicar novos contatos. É muito importante manter uma sequência, uma regularidade. Nos contatos agradeça a confiança e coloque-se à disposição de servir, compartilhe seu conhecimento e faça parceria.

Vou exemplificar com o que ocorreu comigo: procuro sempre marcar com meus contatos um café para conversar sobre assuntos do mercado imobiliário e passar algumas atualizações (aproveito para passar uma dica de como agendar horário, procure sempre horários picados, por exemplo, 10h15 ou 14h45, com isso mostra que será rápido, objetivo e não irá demorar.).

Marquei com um empresário muito ocupado um café e disse que seriam dez minutos, chego sempre antecipado, desta forma posso ser atendido antes caso ele tenha tempo e mostro pontualidade (ganhe pontos, poucos profissionais são pontuais), bom, começamos a conversar e percebi que ele estava precisando de uma estratégia de vendas, passei minha ideia de como poderia atuar com aquela situação e melhorar seus resultados.

Ele adorou a estratégia, mas percebeu que eu não teria nenhum ganho financeiro. Foi quando me perguntou: "Qual seu interesse em passar uma ideia?" Logo respondi: "Hoje estou ajudando você a solucionar seu problema, amanhã não tenho dúvidas de que posso contar com você, importante que se lembre sempre do meu nome".

Resultado deste café, ele já me indicou para outros vários empresários e sempre nos encontramos para trocar ideias sobre o mercado. (Seja interessante e não interesseiro.)

Empreendedorismo - Tudo começa com um sonho, uma ideia ou um ideal de soluções. Empreender é uma paixão que move você para realização.

No mercado em que atuo (imobiliário), a dificuldade de se encontrar bons profissionais e o amadorismo em que é levada a profissão acabou abrindo uma enorme lacuna de oportunidades. Mas considero importante que em primeiro lugar não se coloque o lucro como prioridade, pois será consequência de uma ótima ideia realizada de forma espetacular.

Para exemplificar, vou fazer um breve relato...

Sou idealizador e organizador do Compartilha Corretores ABC, evento realizado anualmente na região do ABC de São Paulo com o intuito de trazer conhecimento, novas tecnologias e aumentar o *network* entre todos. Já estou na 2ª edição, trago excelentes palestrantes de todas as regiões do Brasil com conteúdo voltado para o mercado imobiliário, aproveito a oportunidade e convido grandes empresários da região para patrocinar, e faço uma grande divulgação para a categoria de corretores de imóveis. Com isso aumento violentamente minha rede de relacionamento em todas as áreas em que atuo (desde presidentes de grandes empresas a corretores de imóveis), outras áreas acabam ficando interessadas pelo projeto. Consequência: mais negócios, parcerias, convites. Em dois anos multipliquei em dezenas de vezes meu número de contatos. Agora o grande desafio é a comunicação com todos de forma rápida, constante e servidora.

Para me ajudar nesta fase criei uma pesquisa de satisfação, com isso consigo classificar o nível de interesse de cada um e a comunicação fica mais clara.

Muitos, quando comento sobre este projeto, logo me dão parabéns e na sequência vem aquela pergunta: "Quanto você ganha financeiramente com isso e de que forma consegue custear tudo?"

Para o custo conto com parceiros, visito cada um deles, falo sobre todo o projeto, mostro com detalhes com brilho nos olhos, paixão e não só isso, mas também o quanto é importante para uma construtora apoiar um evento que tem como intuito levar conhecimento aos corretores de imóveis.

Network e empreendedorismo – Tudo está relacionado a pessoas, este tem de ser o centro das atenções, como lidar com elas. Acredito que todos os mercados estão passando pela mesma dificuldade, com falta de mão de obra especializada.

A solução é formar novos profissionais.

Aproveito para compartilhar com vocês o que ocorre no mercado imobiliário que por coincidência pode ocorrer no mercado em que você atua.

Corretor de Imóveis entra para esta profissão e antes até de formado quer o resultado imediato, "Quero vender". Tem uma frase que sempre digo: "O importante é saber como vender antes de querer vender".

Tenho algumas dicas simples que podem servir para qualquer área, são elas: educação, humildade, asseio, vestimenta adequada, cartão de visita, caneta, papel adequado para anotação, olhe nos olhos do seu cliente, escute mais e fale menos, faça perguntas inteligentes e abertas, conheça profundamente seu produto, conheça o mercado em que você atua, agradeça a confiança, contato por *e-mail*, termine sempre com uma pergunta, fale sobre valores com firmeza e sempre perceba a reação do cliente pelo olhar.

Empreender é conseguir comunicar de forma correta, rápida e inovadora.

Certa vez tive a ideia de reunir amigos do ramo imobiliário para discutir assuntos e novos conceitos, mas com um formato despojado. Como de costume, fui logo para a ação, liguei para 23 empresários, diretores de empresas, todos amigos, convidei para um jantar. Criei um *slogan*, "Compartilha Negócios". Para minha surpresa, 12 confirmaram imediatamente, tive menos de uma semana para organizar tudo. Foi um sucesso, conversamos durante duas horas, aproveitei para tirar fotos e entrevistei todos. Logo já lancei um desafio: "Para nosso próximo encontro teremos que trazer um convidado, desta forma nosso grupo cresce e fica mais forte". Resumo: o Compartilha Negócios já está na sua quinta edição, hoje com mais de 100 pessoas envolvidas, empresários de outras áreas já participam e foram gerados vários negócios e muitos contatos entre eles.

O uso de tecnologia e redes sociais (Facebook e LinkedIn) de forma profissional pode ajudar muito, desde que respeitemos algumas regras de etiqueta e bom senso.

Diante de todas estas experiências, entre erros e acertos, defino como extremamente importante em qualquer área a atitude.

Considerações finais

Com honestidade, caráter e humildade você consegue avançar e é mais importante que a velocidade e a direção.

Sonhos são importantes para que possamos traçar novos objetivos e metas, coloque Deus no coração, dê sempre prioridade para sua família e tenha muita atitude.

Dedicatória

À minha esposa, Erik Skoretzky, que sempre esteve ao meu lado nas alegrias e tristezas e que cuida muito bem de nossa princesa Ana Carolina, que inclusive agradeço por participar deste projeto, ajudando com lindas palavras. Amo vocês!

Agradecimentos

A todos os meus clientes, amigos que trabalharam comigo em toda esta trajetória, líderes, gerentes, diretores e empresários que conheci. Todos com certeza contribuíram para meu crescimento profissional.

E principalmente a Deus pela bênção da vida.

Networking & Empreendedorismo

A importância do empreendedorismo e networking no processo de sucessão familiar

Caroline Pitarelli

Caroline Pitarelli

Fonoaudióloga formada pela PUC - SP, com curso concluído em 2002. Pós-graduada em Atendimento Neonatal pela Faculdade de Medicina do ABC, curso concluído em 2004. MBA Gestão Empresarial USCS - São Caetano do SUL, concluído em 2008.
Associada ao Ciesp (Centro das Indústrias do Estado de São Paulo), atuou como coordenadora do Núcleo dos Jovens Empreendedores. Membro do BNI (Business Network International), atuou como presidente do grupo Impacto da região de Santo André – SP. Apresentadora do Programa *Networking* & CIA na UPTV. Diretora comercial da Móveis Primolar desde 2007, gerenciando equipe de dez representantes comerciais, fortalecendo o relacionamento com os clientes, abrindo novos clientes e aperfeiçoando o atendimento nos parceiros comerciais mais antigos. Diretora comercial do Móvel que Faltava, desenvolvendo novos clientes e divulgando o renovado modelo de negócio, desde 2013.

(11) 4428-1000 / 97604-9080
carol@primolar.com.br
www.primolar.com.br
www.omovelquefaltava.com.br

Um dos momentos mais importantes de uma empresa familiar é a sucessão.

Segundo um estudo realizado pela PwC Brasil em 2014, somente 11% das empresas familiares brasileiras tinham planos de sucessão estruturados e documentados. Levando em consideração que 96% das empresas no Brasil são de origem familiar, esse é um dado que nos chama a atenção.

Durante o processo de sucessão, muitas dúvidas e conflitos podem ocorrer entre os pais e seus filhos.

Muitos foram os momentos em que me questionei se eu conseguiria superar as expectativas do meu pai, se eu realmente estava pronta para assumir a empresa em definitivo. Mas, acredito que esses questionamentos são naturais e fazem parte do processo da sucessão, afinal, a responsabilidade é grande.

O importante é que esses medos e receios não nos paralisem, toda mudança exige o crescimento e amadurecimento.

Conosco não foi muito diferente e compartilho com vocês um pouco da minha experiência.

A Móveis Primolar foi fundada pelo meu pai e três primos no ano de 1976. Em 2000 meu pai assumiu o controle total da empresa, nesses 40 anos nossa *expertise* é a fabricação de gabinetes para cozinha e para banheiro, seguindo o padrão de cores e modelos definidos pela empresa, sendo que os nossos principais clientes são as lojas de materiais de construção e construtoras.

Sou fonoaudióloga de formação, profissão que exerci com muito orgulho até dezembro de 2006, quando decidi mudar totalmente a minha vida profissional e encarei o desafio de voltar para a Primolar para assumir a direção comercial da empresa a pedido do meu pai.

Durante os dois primeiros anos da faculdade trabalhei na Primolar, foi um grande aprendizado, eu tinha 18 anos e todas as demandas que surgiam no escritório era eu quem realizava.

Inicialmente minha ocupação era de *office boy*, confesso que não gostava nem um pouco da ideia de ir ao banco todos os dias, postar documentos no correio, ficar separando correspondências.

Depois de um tempo passei a atender os clientes, cadastrar os pedidos no sistema e fazer a emissão das notas fiscais.

Hoje, entendo a importância de passar por todos esses processos, sem eles eu jamais poderia delegar ou assumir a empresa sem compreender essas áreas.

Claro que hesitei, afinal de contas, como eu gerenciaria uma equipe de representantes comerciais sem ter experiência no segmento?

Como enfrentaria o preconceito por ser jovem e mulher em um universo tão masculino?

Naquele momento eu tinha a confiança do meu pai, que sempre foi um exemplo para mim, ele sempre liderou a empresa com dedicação, paixão e, acima de tudo, me ensinou que devemos ter atitudes positivas. Foi nesses ensinamentos que me baseei para iniciar minha nova jornada profissional.

Comecei a conhecer cada cliente da empresa em visitas com os representantes e dessa forma aprendi muito sobre o nosso segmento e pude identificar quais os pontos que precisavam ser aprimorados no departamento comercial, conquistando a confiança da minha equipe e do mercado, fortalecendo as parcerias comerciais e conquistando novos clientes.

Em 2009, meu irmão, que foi de fundamental importância, retornou para a empresa, pois contribuiu para a modernização da fábrica, introduziu novas tecnologias e desenvolveu novos produtos.

Engana-se quem pensa que todas essas mudanças foram fáceis.

No nosso caso, não tínhamos o plano de sucessão no papel, porém, fomos conduzindo o processo de sucessão de forma gradativa e conforme meu irmão e eu íamos desenvolvendo, organizando os setores da empresa, através de implementações de novos processos, nosso pai também ia nos dando mais responsabilidades até se sentir confortável e seguro para passar o comando da empresa e assim iniciar um novo projeto para a vida dele.

Mesmo assim encontramos muitos desafios, afinal, esse momento é delicado para ambos os lados, nosso pai, por mais que verbalizasse a intenção de se distanciar da empresa, não permitia inovações ou mudanças mais impactantes na gestão da empresa e muitos conflitos aconteceram.

Com muita dedicação, empenho e foco fomos superando os momentos mais turbulentos, a partir de então iniciamos a reestruturação do nosso negócio e até o final de 2012 nosso pai decidiu desligar-se da empresa.

Sugiro a você, leitor, que esteja passando por uma situação familiar similar, que comece a pensar e estruturar o processo de sucessão e reflita sobre alguns aspectos.

Valorize o trabalho iniciado pelos fundadores e entenda que esse momento também é desafiador para eles.

Se foi fácil? Não, nem um pouco, para ninguém, afinal, como você se distancia de algo que você construiu e idealizou com tanta dedicação e esforço? Como você admite que é hora de passar a empresa para os filhos e iniciar um novo projeto para a sua vida em um segmento diferente?

O diálogo faz toda a diferença, conversem sobre os planos, projetos pessoais e da empresa, mas procure fazer isso nos horários de trabalho, aos finais de semana e nas tradicionais reuniões de família procurem se divertir e curtir bons momentos de lazer. É até natural que o assunto trabalho surja, porém, lembrem-se da importância da relação entre pais e filhos, ela está acima de tudo e momentos de diversão são fundamentais para que haja descontração, descanso, para terem um convívio familiar harmônico.

Tudo na vida tem o seu tempo e o seu momento, precisamos aprender a viver cada um deles com mais plenitude e leveza.

Dar continuidade a um legado iniciado pelos nossos pais é gratificante e honroso, porém, os filhos precisam superar a seguinte máxima: "O que os pais constroem, os filhos destroem". Infelizmente é uma realidade, mas por que isso acontece?

Entendo que o principal motivo é porque nem sempre valorizamos e reconhecemos efetivamente todo o esforço que eles fizeram, acreditamos que o patrimônio conquistado não irá acabar e não somos gratos a tudo o que foi construído através do trabalho e empenho dos nossos pais.

Mas nesse momento você pode me perguntar "e se eu optar por não trabalhar na empresa familiar?" Eu te respondo "você não precisa nem deve ser obrigado, o importante é dialogar e expor qual a sua vocação profissional, o respeito sempre deve existir".

Precisamos aprender a agradecer e valorizar tudo o que foi conquistado, através da dedicação dos nossos pais, eles trabalharam muito visando sempre um futuro melhor para toda a família.

Sempre fui muito grata a tudo o que meu pai e a empresa me proporcionaram e quando decidi retornar para a Primolar eu estabeleci como meta pessoal começar um novo ciclo de crescimento para a empresa, e através da minha dedicação retribuir de alguma forma tudo o que a empresa havia me proporcionado até aquele momento.

E, nessa caminhada de oito anos, tanto eu como meu irmão desejávamos que a Primolar fosse mais moderna, flexível, com novas soluções em móveis, e não ficássemos dependentes de uma única linha, afinal, somos uma indústria e tínhamos um grande potencial produtivo.

Procuramos fortalecer as parcerias com os nossos fornecedores, implementamos um novo sistema, criamos novos produtos e trouxemos novos parceiros e dessa forma crescemos no nosso segmento.

Aprendemos com o nosso pai a sermos empreendedores, a enxergar oportunidades e, para isso, entendemos que precisávamos participar de grupos ou associações que nos trouxessem conhecimento e também a possibilidade de fazermos *networking*.

Associamo-nos ao Ciesp (Centro das Indústrias do Estado de São Paulo) no município de Santo André, e após um período frequentando a entidade meu irmão foi convidado a integrar o NJE (Núcleo de Jovens Empreendedores), assumindo a coordenação posteriormente.

Eu também fui coordenadora do NJE, realmente uma experiência enriquecedora.

O Núcleo de Jovens Empreendedores (NJE) tem como objetivo principal desenvolver novas lideranças para as empresas e para a entidade, além de organizar eventos de *networking*, congressos e ações voltadas para o empreendedorismo, como palestras com profissionais de diversos segmentos, trazendo suas vivências e experiências nas organizações onde trabalharam. Essa troca de conhecimento auxilia as empresas a encontrar soluções e oportunidades de negócios.

Para quem está no segmento da indústria, recomendo que conheça e participe do Ciesp da sua cidade, a entidade oferece cursos e palestras de qualidade além de ações específicas que contribuem para o desenvolvimento do setor.

A Móveis Primolar precisava se reinventar e sabíamos que para isso precisávamos sair da nossa zona de conforto, encontrar novos mercados, produtos e serviços, dessa forma, meu irmão e eu focamos no empreendedorismo e no *networking* para encontrarmos pessoas que nos auxiliassem e que compartilhassem conosco suas experiências e vivências para que pudéssemos tornar a empresa mais sólida, diferenciada e completa.

Com os conceitos que fomos conhecendo e com a necessidade que tínhamos de gerar novos negócios, criamos em 2011 a marcenaria *online* chamada O Móvel Que Faltava.

Sabe quando temos aquela ideia fantástica de uma mobília que se encaixaria perfeitamente em um espaço de nossa casa, mas acabamos por não levá-la adiante porque é muito difícil ou porque não sabemos como dar andamento? É justamente aí que entramos!

Pensando em atender as necessidades específicas que fogem do catálogo padrão de serviço, criamos então O Móvel Que Faltava, onde o cliente é o *designer*/projetista de seu móvel.

Essa inovação foi importante para o desenvolvimento e para o aprimoramento da empresa, diversificamos o nosso portfólio, atingimos novos clientes e expandimos nosso negócio.

Em 2014, fui apresentada por um amigo ao BNI (Business Network International), uma nova forma de fazer negócios através de uma metodologia idealizada pelo dr. Ivan Misner há mais de 30 anos nos Estados Unidos da América, visando potencializar negócios através do *networking*, o conhecido *marketing* boca a boca.

O conceito de *networking* nem sempre é entendido na sua plenitude e essa ferramenta é pouco explorada para a geração de novos negócios, mas, afinal, o que é esse tal de *networking*?

Para mim, *networking* é: reunir pessoas com interesses em comum, estabelecendo o fortalecimento das relações humanas.

Eu sempre gostei de estar ao lado das pessoas e procurar entender o que elas precisam, como posso ajudar e dessa forma colocá-las em contato, gerando parcerias sólidas e com credibilidade.

Vocês já pararam para pensar que o nosso trabalho sempre será voltado para ajudar o outro?

O médico para curar, o engenheiro para construir, o vendedor para realizar sonhos, e você? Como a sua profissão ajuda a sociedade?

Em qualquer profissão que escolhermos o dinheiro não vem em primeiro lugar, o que realmente importa é como nós poderemos ajudar as pessoas a melhorar a qualidade de vida delas.

Quando entendemos com exatidão as necessidades daquela pessoa obtemos êxito na nossa vida profissional.

Essa troca de experiências com as pessoas nos enriquece em conhecimento, ajudando no nosso crescimento pessoal e profissional.

Nesse cenário conseguimos expandir nossos negócios, através das indicações que recebemos.

Somente com comprometimento e com a valorização do cliente fortalecemos a imagem da empresa, e assim conquistamos novos mercados.

Sabemos que ainda temos um longo caminho à frente, conquistamos alguns dos nossos objetivos, aprendemos com nossos erros, eles fazem parte do processo, mas sei que estamos no caminho certo.

Essas mudanças nos renderam prêmios e reconhecimentos, como o Selo Empresa Empreendedora, ação feita pela Secretaria de Desenvolvimento Econômico de Santo André. Recebemos essa homenagem em 2015 e 2016 pelas nossas ações sociais e ambientais.

Ser reconhecido por boas práticas nos motiva e nos incentiva a aprimorar ainda mais as nossas ações dentro da empresa.

Eu me sinto extremamente realizada trabalhando em parceria com o meu irmão e construindo uma empresa mais sólida, inovadora e flexível. No início do processo de sucessão eu não entendia os desafios que o nosso pai nos colocava, mas hoje entendo que ele soube nos preparar para que pudéssemos assumir a empresa no momento certo, tanto para ele como para nós. Consigo enxergar isso através do brilho do olhar do meu pai a cada dia que ele entra na empresa, seja para nos visitar ou para compartilhar conosco a sua sabedoria e vibrar a cada nova vitória.

Networking & Empreendedorismo

Networking e redes colaborativas

César Tucci

César Tucci

Administrador, MBA em Desenvolvimento do Potencial Humano, empreendedor, palestrante, educador corporativo e *coach*. Atua com vendas, atendimento e gestão de pessoas há mais de 38 anos.

Escreve para *blogs*, é autor de *ebooks*, artigos, poemas, *jingles* e peças teatrais aplicadas em ações educacionais, treinamentos, congressos e seminários sobre liderança, gestão de pessoas, segurança do trabalho, empreendedorismo, venda consultiva, excelência no atendimento, autodesenvolvimento, inteligência emocional e espiritualidade nas empresas, entre outros.

contato@cesartucci.com.br
www.cesartucci.com.br

"Cada ser humano é uma pequena sociedade."
Friedrich Von H. Novalis (1789)

A ideia de que o ser humano é uma criatura egoísta, a quem o bem-estar pessoal basta, vem caindo por terra.

Se é verdade que nossa caminhada evolutiva nos ensinou que precisamos lutar pela própria sobrevivência, instrumentalizando nosso cérebro para que este seja capaz de nos colocar em posição de lutar ou fugir para salvar a nossa pele, a ciência vem comprovando que esta mesma jornada desenvolveu em nós a capacidade de compreender os sentimentos e as reações das outras pessoas, imaginando-nos em condições análogas.

Se de fato nossas estruturas sociais vêm historicamente privilegiando o domínio pela força física ou econômica - em que a inteligência é posta a serviço da manutenção de privilégios exclusivistas -, surgem pelo mundo iniciativas colaborativas, propondo uma nova organização socioeconômica, mais criativa, mais consciente e de natureza sustentável.

Stephen Covey, célebre autor do livro "Os 7 Hábitos das Pessoas Altamente Eficazes", propõe um modelo que ele chama de *continuum* da maturidade. Neste modelo, Covey explica que o ser humano caminha da dependência para a independência (vitória particular) e da independência para a interdependência (vitória pública).

Na dependência, estágio natural do início de cada ciclo, o pronome dominante é "você". Você cuida de mim, você me dá, você me ajuda, você me ensina, você é o culpado, dependo de você.

A independência é o reino do "eu". Eu posso, eu sei, eu faço, eu consigo, eu conquisto, eu tenho a força, eu não dependo de você.

Ao atingir o estágio da interdependência, a pessoa reconhece o valor do "nós", compreendendo que estamos todos solidariamente ligados e que não haverá possibilidade de paz e bem-estar verdadeiros se não caminharmos juntos.

Segundo o autor, "vivenciamos a vitória particular quando aprendemos o autodomínio e a autodisciplina. Alcançamos a vitória pública **quando construímos relacionamentos duradouros e altamente eficazes com outras pessoas**". (os grifos são meus).

A arte de tecer redes sustentáveis

Vivemos num mundo de altíssima interatividade, cada dia mais sujeitos a interações com pessoas até então desconhecidas.

Augusto de Franco, escritor, palestrante e consultor que se dedica à investigação sobre redes sociais, parte do princípio de que a pessoa já é uma rede.

Se existimos como pessoa humana é porque somos parte de uma rede e já estamos conectados a outras pessoas, senão nem existiríamos, não teríamos sobrevivido.

Para ele, o *continuum* de experiências pessoais e intransferíveis e o entroncamento de fluxos que nos ligam a outras pessoas é o que faz de cada um de nós uma pessoa.

Um dos seus estudos mais interessantes trata do que ele chama de *netweaving* – a arte de articular e tecer redes.

Em suas palestras, Franco cita a pesquisadora Jane Jacobs, que na década de 1960 já se perguntava por que algumas cidades americanas eram vibrantes, pulsavam e se desenvolviam, enquanto outras, mesmo sob condições análogas, definhavam a olhos vistos.

Na verdade, esta pergunta também foi feita por Robert Putnam, que estudou as relações sociais na Itália durante 20 anos de pesquisa.

E ambos chegaram a conclusões semelhantes: a diferença estava no capital social daquelas cidades. Não exatamente no conjunto de indivíduos existentes, mas no que havia entre eles.

Nas cidades mais prósperas as pessoas organizavam-se em comunidades, conectavam-se nos bairros e distritos, criando redes e dedicando parcelas de seu talento para o benefício comum.

Segundo Jacobs, essas redes eram o capital social indispensável para gerar vitalidade e desenvolvimento.

Mas, Augusto Franco adverte: a cooperação é um atributo do modo como as pessoas se organizam na rede. A rede precisa estar estruturada de forma a facilitar as conexões.

Um grupo de pessoas bem-intencionadas e com vocação colaborativa, quando inserido numa estrutura de rede centralizada, extremamente verticalizada, calcada apenas no poder e na hierarquia, repleta de obstáculos à conexão, marcada por desigualdades e baseada na escassez de caminhos, pouco fará, justamente porque o que compõe o capital social não é a soma das pessoas, mas a conexão que há entre elas.

Precisamos organizar nossas estruturas de forma a favorecer o florescimento de redes mais distribuídas, onde os agentes possam se conectar por múltiplos caminhos, horizontalmente, favorecendo o surgimento de espaço para inovações, permutas, compartilhamentos e diálogo, permitindo que o fluxo ocorra – pois a rede só existe enquanto flui.

À semelhança dos organismos vivos, nossas organizações precisam se estruturar de forma a desenvolver a capacidade de autorregulação, conservando sua capacidade de adaptação ao mercado, reinventando-se continuamente através da interação entre suas partes e destas com o meio.

Quanto mais conectada, mais coesa se torna a organização e mais poderoso o seu campo social, diminuindo o grau de separação entre as pessoas. Por consequência, o indivíduo se sente empoderado pelo campo e vê aumentada sua potência de agir e interagir, alimentando o círculo virtuoso.

Yves Morieux, autor do livro "Seis regras simples – como gerenciar a complexidade sem se complicar", há muitos anos investiga porque os índices de produtividade e engajamento vêm caindo tão fortemente nas empresas.

Segundo ele, para fazer frente à nova complexidade do universo empresarial, em vez de projetar o que ele chama de mais "caixas com hierarquias", as organizações precisam cuidar da interação, de como processos e pessoas se integram – das conexões e das sinapses entre elas, para, desta forma, projetar um sistema nervoso inteligente e com forte capacidade de adaptação.

Sempre que as pessoas cooperam, menos recursos são utilizados, afirma o pesquisador.

E, se redes geram sustentabilidade, **tecer redes colaborativas pode ser considerado um dos papéis sociais mais relevantes em uma sociedade superconectada.**

Eu ganho, tu ganhas, ele ganha: nós ganhamos!

O mundo nos dá mostras seguidas de que a sociedade baseada na ganância, na escassez e na competição pura e simples já não resiste, cambaleando de forma insustentável, onde a rigor, considerada a linha do tempo, todos perdem.

O cenário pede novos modelos, as pessoas já não encontram sentido em gastar seu tempo e sua saúde para formar um patrimônio de que talvez nem consigam usufruir, enquanto perdem a saúde física, destroem seu equilíbrio emocional e negligenciam laços afetivos.

Jovens querem lutar por um propósito. Pessoas buscam uma razão para continuar lutando.

A cooperação, ao contrário do que prega o senso comum e diferente do que pintam as redes de notícias, é uma característica inerente ao ser humano, que sente prazer em ajudar, compartilhar, colaborar, contribuir para a construção de algo que faça sentido para ele.

Há até mesmo razões biológicas para isso: quando colaboramos de verdade, nosso cérebro produz ocitocina, o mesmo hormônio liberado durante o orgasmo, ligado à sensação de prazer e do bem-estar físico e emocional.

Além disso, como explica Daniel Goleman em seu livro "Foco", herdamos do processo evolutivo a capacidade de sentir empatia e de nos mobilizarmos para ajudar o outro, se assim for preciso, competência que se tornou vital quando os mamíferos superiores começaram a gerar filhos que, diferente dos descendentes de espécies inferiores, não sobreviveriam sem os cuidados das mães que, para isso, desenvolveram a habilidade de ler os mínimos sinais nas expressões de seus filhotes.

Mas há também motivações psicológicas permeando as iniciativas colaborativas. A Psicologia Positiva, de Martin Seligman, demonstra que, entre os fatores que proporcionam felicidade e bem-estar às pessoas, estão a dedicação a uma causa maior do que elas mesmas, a vida significativa, o sentimento de pertencimento, as boas emoções, as relações positivas.

Não por acaso, na busca de alternativas que se oponham às fórmulas estritamente vinculadas à competição, e para provar que para que alguém ganhe não é necessário que alguém perca, outros modelos de relacionamento, aprendizado, produção e consumo vêm sendo experimentados.

A especialista em economia colaborativa Rachel Botsman, autora do livro "O Que é Meu é Seu", relaciona alguns exemplos:

Produtos e serviços compartilhados: em vez de possuir, as pessoas passam a acessar o benefício de um produto ou serviço, como as bicicletas que já rodam em diversas cidades do Brasil.

Mercados de redistribuição: pessoas alugam máquinas e equipamentos, que de outra forma ficariam ociosos. Ganha o locador, ganha o locatário e ganha o meio ambiente também.

Estilo de vida colaborativo: pessoas compartilham o carro, o sofá, o escritório, em contextos que resultam em relacionamentos mais próximos.

Crowdfouding: sites que promovem financiamentos coletivos, uma espécie de versão virtual da "vaquinha", onde pessoas interessadas em determinadas causas e projetos contribuem financeiramente de forma coletiva para a sua realização. Entre músicos independentes, por exemplo, esta tem sido uma opção para financiar a produção de CDs, DVDs etc.

De alguma forma, por força das circunstâncias, premidos pelas crises econômicas, preocupados com o meio ambiente, na busca de mais qualidade de vida ou impulsionados por nossa natureza mais profunda, temos nos arriscado pelos caminhos da cooperação e tudo indica que este será um caminho de muitas e gratificantes descobertas.

Networking: um mundo de possibilidades exponenciais

Para Lala Deheinzelin, consultora em economia criativa, pela primeira vez na história temos praticamente todos os recursos necessários para fazer tudo o que desejamos.

Mas, geralmente não fazemos, pois, segundo ela, condicionados por uma cultura focada na escassez, não enxergamos possibilidades, não acreditamos que é possível e, como resultado, nem tentamos.

Ao falar sobre a criação de comunidades criativas e colaborativas, Lala propõe que deixemos de focar apenas no patrimônio tangível, quase sempre representado pelo dinheiro e pelos recursos tecnonaturais, e acrescentemos os recursos intangíveis.

Se o mundo tangível cresce linearmente, o universo intangível tem o potencial de multiplicar-se exponencialmente, cabendo a nós criar as condições para que isto aconteça.

Entre os ativos intangíveis estão os futuros desejados, os símbolos, as crenças, as experiências, a vida interior, as linguagens artísticas, a história, os mitos, as curiosidades, o conhecimento, os frutos do saber e da criatividade, que são recursos infinitos.

No modelo 4D proposto pela consultora encontramos o Ciclo Virtuoso da Abundância. Neste modelo, os patrimônios intangíveis (dimensão cultural) tornam-se visíveis e operacionais graças às tecnologias da comunicação e da informação (dimensão ambiental), compondo estruturas virtuais de economia compartilhada que resultam num ambiente colaborativo (dimensão social), onde modelos distribuídos de negócios e a organização da sociedade em rede geram prosperidade e riqueza social, cultural, econômica e ambiental (dimensão financeira).

Na dimensão social, o fazer coletivo promove o grande salto exponencial. Nela se encontra tudo aquilo que promove a ação do coletivo – conexões, contatos, acessos e sinapses que permitem e favorecem as causas compartilhadas, os grupos de pertencimento, as instituições, os partidos, as agremiações, as articulações e as alianças mobilizados em prol do desejo e dos interesses coletivos.

Conexões que se estabelecem para gerar o bem comum e multiplicar as oportunidades.

Parafraseando a consultora, se no mundo tangível há apenas um caminho entre mim e você, no mundo intangível das redes haverá múltiplos caminhos para a nossa conexão, ampliando todas as possibilidades.

Tecer e ampliar estas redes é focar na abundância e gerar prosperidade. É algo tão poderoso que apenas 1% das pessoas conectadas e articuladas já é capaz de produzir um efeito vitalizador nas sociedades.

Enfim, teoria e prática demonstram que colaborar, interagir, cooperar, contribuir, ampliar sua rede de relacionamentos ou, em outras palavras, **investir em *networking*** é uma forma inteligente de mobilizar recursos e conexões a serviço do bem comum, encurtando caminhos e vencendo obstáculos em uma dinâmica em que todos ganham e se fortalecem mutuamente.

Redes sociais, como o LinkedIn, por exemplo, ou iniciativas institucionalizadas como a Business Network International – BNI, considerada a maior e mais bem-sucedida organização de *networking* de negócios do mundo, vem comprovando a importância incontestável do *networking* na esfera comercial.

Tanto quanto na esfera pessoal nada substitui o contato cordial, o interesse sincero pelo bem do outro, a presença física ou virtual nos momentos importantes, a permuta de saberes, o auxílio mútuo, o cultivo da relação ganha/ganha, o diálogo aberto e gentil.

No dizer do neurobiólogo chileno Humberto Maturana, "todo o viver humano ocorre através das conversas e é nesse espaço que se cria a realidade em que vivemos".

Conversemos mais, compartilhemos mais, colaboremos mais e criemos juntos o mundo melhor que tanto desejamos.

Referências bibliográficas
COVEY, Stephen R. Os 7 Hábitos das Pessoas Altamente Eficazes. Rio de Janeiro: Franklin Covey, 2004.
BOTSMAN, Rachel; ROGERS, Roo. O Que é Meu é Seu. Porto Alegre: Bookman, 2011.
DEHEIZELIN, Lala. Criando Comunidades Criativas e Colaborativas – Palestra TEDx Jardins. Disponível em: <www.youtube.com/watch?v=HoAi9jjm43w>. Acesso em: 12 de março de 2016.
FRANCO, Augusto de. Escola de Redes. Disponível em: <www.escoladeredes.net>. Acesso em: 18 de abril de 2016.
GOLEMAN, Daniel. Foco. Rio de Janeiro: Objetiva, 2014.
MORIEUX, Yves; TOLLMAN Peter. Seis Regras Simples. São Paulo: HSM Editora, 2015.
PUTNAM, Robert D. Comunidade e Democracia - A Experiência da Itália Moderna. São Paulo: FGV, 2000.
SELIGMAN, Martin E.P. Felicidade Autêntica. Rio de Janeiro: Objetiva, 2004.
ZAK, Paul. A Molécula da Moralidade. Rio de Janeiro: Elsevier, 2012.

Networking & Empreendedorismo

Características e comportamentos do empreendedor de sucesso – de dentro para fora

Darcy Paulino Lucca Junior

Darcy Paulino Lucca Junior

Consultor, palestrante, coach e professor de pós-graduação.
Graduado em Administração de Empresa pela Universidade de Ribeirão Preto – UNAERP e pós-graduado em Gestão Empresarial pela Fundação Getúlio Vargas – FGV e em Gestão Estratégica de Pessoas e Organizações Sustentáveis pela FUNDACE-USP.
Coach profissional e de vida pelo Instituto Brasileiro de Coaching-IBC e professor de cursos de pós-graduação em diversas instituições de ensino, entre elas: SENAC, Grupo Estácio, Grupo Kroton, Moura Lacerda e Reges.
Por 12 anos, administrou e vivenciou a realidade de pequena empresa.
Atuou em cargos de liderança em grandes organizações como o Centro de Integração Empresa-Escola – CIEE e Instituto Euvaldo Lodi – IEL, em diversas regiões do país por mais de 10 anos.
Participou ativamente em vários órgãos de classe, entre eles: Associação Brasileira de Recursos Humanos - ABRH, Associação Comercial e Industrial e Câmara de Diretores Lojistas.
Desde 2010, é consultor sênior de negócios do Serviço Brasileiro de Apoio às Micro e Pequenas Empresas – SEBRAE-SP.
Atua como especialista em empreendedorismo, administração geral, políticas públicas, recursos humanos e *marketing* aplicando consultorias, palestras, cursos e treinamentos para empresários e empreendedores.

Ribeirão Preto –SP
(16) 99751 2565
darcy.jr@uol.com.br

"Se seus sonhos estiverem nas nuvens, não se preocupe, pois eles estão no lugar certo; agora, construa os alicerces." (Autor desconhecido)

Ao longo de toda minha vida, convivi nesse ambiente de empreendedorismo, desde criança.

Filho de comerciante, vi de perto as lutas, aflições, amarguras, angústias, dúvidas, como também anseios, alegrias e conquistas pelos quais passa um empresário e empreendedor.

Agora, quando escrevo estas linhas, considero que foi uma verdadeira dádiva que recebi de conviver e participar ativamente desse ambiente.

Isso porque como consultor, palestrante e *coach* conheço também o outro lado. Não somente na teoria, como também da prática.

Ao longo da minha carreira, tive e tenho a oportunidade de ter diariamente contato com diversos empreendedores de sucesso. São centenas e centenas de horas de atendimentos, consultorias e palestras conhecendo e convivendo com esses empresários.

Inclusive, quando falamos de empreendedor de sucesso, todos nós temos na nossa mente referências. Tenho certeza de que você mesmo, leitor, neste momento está visualizando diversas dessas referências.

Mas, a minha primeira referência, quando falo nesse assunto, é o meu pai. Não, ele não é tão conhecido como pode imaginar, e muito menos rico ou famoso.

Então você deve estar me perguntando o motivo dessa minha escolha. E eu explico: vi na sua vida de empreendedor e de empresário diversas atitudes e características, que são o intuito deste capítulo. Destaco algumas, como: resiliência, flexibilidade, empatia, serenidade, foco, garra, determinação e tantas outras.

Mas, antes de entrar especificamente nessas características e comportamentos, é importante fazer alguns alinhamentos.

Sucesso é um conceito muito particular e individual.

Para uns, sucesso é ter uma empresa ou negócio que gere milhões de receita e muitos empregos. Para outros, sucesso é ter qualidade de vida. Para outros ainda, sucesso é ser feliz. Agora complicou de vez, se sucesso já é um conceito muito individual, felicidade, então? Acho melhor deixar esse assunto de felicidade para outra oportunidade.

Voltando para o conceito de sucesso, seu significado no dicionário é "ter êxito, bom resultado".

Vou, então, sem desconsiderar todos os outros significados, partir do princípio de que sucesso no nosso caso é abrir uma empresa ou ter um modelo de negócios que atendam as necessidades dos clientes. Gerem receita, tenham eficiência e, não menos importante, proporcionem também satisfação a seus idealizadores.

Outro alinhamento necessário é dar um significado à palavra empreendedor. Segundo o dicionário, é "aquele que empreende; que se aventura à realização de coisas difíceis ou fora do comum; ativo e arrojado".

Empresário não é necessariamente um empreendedor. Para ser empresário basta ter herdado ou adquirido uma empresa.

Irei me centrar aqui, nas características dos empreendedores, que tiveram uma ideia e trabalharam para realizá-la.

Apesar de podermos listar dezenas e dezenas de comportamentos e atitudes de sucesso, vou me ater a apenas dez comportamentos que são trabalhados e validados no curso conhecido como Empretec[1]. Aqui no Brasil, este curso é aplicado exclusivamente em parceria com o SEBRAE – Sistema Brasileiro de Apoio à Micro e Pequena Empresa.

Conheço bem esse programa, pois, além de já ter participado do mesmo alguns anos atrás, atualmente sou consultor sênior do SEBRAE-SP.

É importante dizer que qualquer um, independente de ser empresário ou não, funcionário ou desempregado, autônomo, profissional liberal, prestador de serviços, estudante ou aposentado, enfim, qualquer ser humano, pode trabalhar essas características de sucesso.

E por isso é necessário frisar **que tudo primeiramente vem de dentro para fora.** Portanto, antes de qualquer ação, precisamos olhar para o nosso interior. O grande filósofo grego Sócrates já dizia: "Conheça-te a ti mesmo". Acredito ser esse o alicerce do empreendedor, a verdadeira base do seu sucesso começa com o autoconhecimento.

---

1. O Empretec é uma metodologia da Organização das Nações Unidas – ONU, voltada para o desenvolvimento de características de comportamento empreendedor e para a identificação de novas oportunidades de negócios, promovido em cerca de 34 países (SEBRAE. Fortaleça suas habilidades como empreendedor. Disponível em: <http://www.sebrae.com.br/sites/PortalSebrae/sebraeaz/empretec-fortaleca-suas-habilidades-como-empreendedor,db3c36627a-963410VgnVCM1000003b74010aRCRD>. Acesso em: 28 mai. 2016, 16:30:45.)

Vejo, com tristeza, muitos empreendedores que até possuem essas características e não obtêm sucesso, pois não estão satisfeitos consigo mesmos, independente de suas realizações e conquistas.

E por isso a importância de antes de tudo "olhar para dentro". Veja e escute o seu íntimo, sinta o que lhe faz bem, busque seus valores, resgate seus princípios, enfim, entre em contato com sua essência. No silêncio mais profundo da alma, você escutará em alto e bom som a voz do coração, que está ligada com sua missão de vida. Basta fazer as perguntas certas e poderosas, e inclusive essa é a essência do processo de Coaching[2].

Sim, todos nós temos uma missão de vida, ou seja, um propósito de estarmos aqui e agora nesse planeta. Quando estamos alinhados com a nossa missão, estaremos dando um primeiro passo nessa jornada em direção ao verdadeiro sucesso.

Agora, sim, vamos falar das 10 características do empreendedor de sucesso, pois você já deve estar bem curioso. Todas elas podem ser desenvolvidas. Basta somente querer trabalhar essas características e comportamentos. Sim, essa é uma ótima notícia, ninguém nasce empreendedor. Pois, se assim fosse, nós recrutaríamos empreendedores nas maternidades, não é mesmo?

Nenhuma das dez características é mais importante que a outra. Elas são a base e não estão em nenhuma ordem de prioridade. Enfim, são complementares e, inclusive, outras derivam delas. É o conjunto e a sinergia entre elas que fazem ser consideradas características e comportamentos de sucesso.

1. Busca de oportunidade e iniciativa.

Proatividade, observação, visão, entre outros, estão associados diretamente com esse primeiro comportamento. Iniciativa é fundamental para qualquer empreendedor. Quantos de nós passamos por situações em que poderíamos aproveitar oportunidades e não o fizemos por falta de iniciativa? Quantos de nós já tivemos boas ideias, mas não fomos mais a fundo e logo depois vimos essa mesma ideia no mercado, não é mesmo?

---

2. Coaching é uma palavra em Inglês que indica uma atividade de formação pessoal em que um instrutor (*coach*) ajuda o seu cliente (*coachee*) a evoluir em alguma área da sua vida. (COACHING. In: Significados, conceitos e definições. Disponível em: <http://www.significados.com.br/?s=coaching>. Acesso em: 19 mai. 2016.

2. Persistência.

Essa é outra característica, ou se preferir comportamento, que faz a diferença. Não conheço nenhum empreendedor que teve seu caminho sem obstáculos. Quantas portas fechadas, quantas negativas, quantos desafios tiveram de ser superados e diariamente têm de ser vencidos no ambiente empresarial! Nessa vida de empreendedor a luta é diária e essa característica é que faz o empreendedor não desistir de seu projeto.

3. Correr riscos calculados.

Uma vez ouvi ou li que correr riscos calculados faz parte da própria vida. Caso contrário, você nem levantaria da cama... E se pensarmos bem, até ficar na cama tem algum risco. Quando o empreendedor não calcula os riscos do empreendimento, isso é ser inconsequente. E, num ambiente competitivo nos dias atuais, esse tipo de empreendedor não tem mais espaço. Quem pensa que ter sucesso depende da sorte, está muito enganado. A vida não é um jogo, pois se assim fosse você nem precisaria estar lendo estas linhas. Há necessidade de verificar a viabilidade dos negócios, mensurar os riscos e posteriormente partir para a ação.

4. Exigência de qualidade e eficiência.

Atualmente, não é possível ser mais um ou fazer mais ou menos algum tipo de produto ou serviço. Para quem quer ter sucesso, não adianta ser medíocre. Sim, essa palavra pode soar até como uma agressão, mas nada mais é que ser mediano. Se for mediano, ou seja, estar na média, você pode até levar a vida, mas não terá sucesso. O empreendedor de sucesso é exigente consigo mesmo, e com seus colaboradores, fornecedores e parceiros. Ele persegue com afinco a qualidade e eficiência em seus negócios. Ele sempre estará bem acima da média geral.

5. Comprometimento.

Primeiramente, o empreendedor tem de se comprometer consigo mesmo para depois focar no seu negócio. Na sequência, é comprometido também com sua equipe, seus clientes, fornecedores, com a sociedade, enfim, com todos ao seu redor. Haverá muitas noites em claro, carga de trabalho em excesso, ou seja, sem comprometimento, ele desistirá da caminhada.

6. Busca de informações.

Isso dever ser constante. Independente se o seu projeto está no início, ou se seu negócio já existe há anos. O empreendedor não pode se contentar com os títulos das notícias. Ele deve sempre buscar informações qualitativas de todo o ambiente, que afeta o seu negócio. Seja do ambiente macro ou do ambiente setorial. Por exemplo, uma simples mudança de legislação pode afetar positivamente ou negativamente todo um negócio. Além disso, quantos novos concorrentes ou novas tecnologias aparecem de um dia para outro? Enfim, muitos dizem que estamos na era da informação. Eu acrescentaria que mais importante do que ter a informação é saber usá-la. Pense nisso e seja curioso.

7. Estabelecimento de metas.

Não é possível imaginar um empreendedor de sucesso, se ele não tiver metas específicas, objetivas e claras, para ser redundante. Sem metas não é possível saber para onde deve ir. Pior, qualquer caminho serve. Sem metas e indicadores específicos, é impossível mensurar os resultados. Talvez muitos empreendedores fiquem ao longo do caminho e não atinjam o sucesso que almejam por não saberem sequer colocar metas individuais.

8. Planejamento e monitoramento sistemáticos.

Uma ferramenta que é amplamente usada e é a base da administração é a tal da PDCA (Plan/Planejar, Do/Fazer, Check/Conferir e Act/Agir). Muitos empreendedores pensam que planejar é perda de tempo. Sabemos que o empreendedor é aquele que faz acontecer. Mas, para isso há necessidade de planejamento. Antes de cada ação ou criação de um novo negócio há necessidade de planejar. Há várias ferramentas disponíveis, como plano de negócios e modelo de negócios aplicados por diversas entidades, que auxiliam nesse planejamento. Lógico que o planejamento é o primeiro passo, não é o fim, mas é o início de uma caminhada sólida e sustentável. Além disso, o monitoramento é o companheiro constante do empreendedor de sucesso. Planejar e monitorar devem estar na rotina diária desse empreendedor.

9. Persuasão e rede de contatos.

Persuasão é o tempero necessário que todo empreendedor deve possuir. Envolver os outros nos seus projetos é fundamental para atingir o sucesso. Um dia ouvi de um líder que ninguém faz nada sozinho e essa é a mais pura verdade. Dependemos de alguém desde o nosso nascimento e também dependeremos na nossa própria morte. Imagine, então, nesse meio do caminho? É fundamental desenvolver essa habilidade para qualquer um que almeje o sucesso.

Paralelamente, devemos ter uma boa rede de contatos, que nada mais é que o famoso *networking*. Temos de dar importância a todos que estão ao nosso redor. Formar uma rede de contatos é necessário para qualquer empreendedor. Mas, na verdade, não é apenas formar, essa rede deve ser cultivada com atenção e carinho diariamente. É ela que fornecerá apoio e será onde você obterá auxílio em vários momentos de sua vida

10. Independência e autoconfiança.

Acredito que a independência e a autoconfiança são conquistadas e são frutos das nossas próprias ações.

Qualquer empreendedor que não tenha conquistado esses dois bastões para sua caminhada rumo ao sucesso não chegará ao destino. Pois quando não confio em mim mesmo ou não ajo conforme minhas convicções, não serei dono da minha própria vida e muito menos de qualquer negócio ou empreendimento.

Neste ponto, você, leitor, já tem várias informações úteis para ser um empreendedor de sucesso. Basta, agora, arregaçar as mangas e fazer acontecer.

Por fim, quero compartilhar uma crença individual. Independente de religião, acredito ser uma verdadeira revelação: você é filho de DEUS e é capaz de realizar tudo que queiras.

Sim, caro leitor, DEUS, ALÁ, FORÇA SUPREMA, ARQUITETO DO UNIVERSO, GRANDE PAI, enfim, dê o nome com que se sinta mais confortável. Eu acredito, verdadeiramente, ser filho de DEUS. Como filhos dele somos merecedores e capazes de tudo o que realmente queremos. Estamos em evolução, e perfeito somente o GRANDE PAI. Pense nisso!

Se você quer ser um empreendedor de sucesso, você será. Confie em você!

Desejo a você uma jornada de luz e que seus verdadeiros objetivos sejam alcançados. E, lembre-se, você nunca estará sozinho nessa caminhada.

Referências bibliográficas

COACHING. In: Significados, conceitos e definições. Disponível em: < http://www.significados.com.br/?s=coaching>. Acesso em: 19 mai. 2016.

DOLABELA, Fernando. Oficina do empreendedor. Rio de Janeiro: Sextante, 2008.

DORNELAS, José Carlos de Assis. Transformando ideias em negócios. 2. ed. Rio de Janeiro: Elsevier, 2005.

EMPREENDEDOR. In: Michaelis Dicionário de Português Online. Disponível em: < http://michaelis.uol.com.br/moderno/portugues/index.php?lingua=portugues-portugues&palavra=empreendedor>. Acesso em: 28 mai. 2016.

SEBRAE. Conheça as características empreendedoras desenvolvidas no Empretec. Disponível em: < http://www.sebraepr.com.br/PortalSebrae/programas/Conhe%C3%A7a-as-10-caracter%C3%ADsticas-empreendedoras-desenvolvidas-no-Empretec>. Acesso em: 28 mai. 2016, 16:50.

SEBRAE. Empreendedorismo para começar bem. Como desenvolver características empreendedoras./ Higor dos Santos Santana. Sebrae: Brasília, 2014

SEBRAE. EMPRETEC – Manual do Facilitator. Sebrae: Brasília, 2011.

SEBRAE. Fortaleça suas habilidades como empreendedor. Disponível em: < http://www.sebrae.com.br/sites/PortalSebrae/sebraeaz/empretec-fortaleca-suas-habilidades-como-empreendedor,db3c36627a963410VgnVCM1000003b74010aRCRD>. Acesso em: 28 mai. 2016, 16:30:45.

SUCESSO. In: Dicionário do Aurélio online – Dicionário Português. Disponível em: < https://dicionariodoaurelio.com/sucesso>. Acesso em: 28 mai. 2016.

Networking & Empreendedorismo

Marca pessoal: empreendedorismo com marca

Deborah Perrone

Deborah Perrone

Graduada em Filosofia e Administração de Empresas; pós-graduada em Pedagogia Empresarial; terapeuta comportamental pelo Instituto de Albuquerque; instrutora MasterMind Treinamentos de Alta Performance em Liderança e Comunicação; Professional e Personal Branding *coach; executive coach* pela Sociedade Brasileira de Coaching; membro do BNI Brasil - Business Networking International.

(11) 94282–4099
falecom@deborahperrone.com.br
www.deborahperrone.com.br

Ainda que a ideia de marca pessoal tenha surgido no final dos anos 90 como uma vertente do *marketing* chamada de *branding*, com as mídias digitais o conceito ganhou mais corpo, evoluindo para o conceito de *personal branding* ou, em bom português, marca pessoal.

Sabemos todos que a mudança é inexorável, seja ela lenta como em tempos distantes ou rápida e dinâmica como agora, neste milênio. Sabemos também que, em uma era de constantes transformações em todas as áreas da nossa vida hoje, mais do que nunca, a adaptação é essencial para nossa sobrevivência no mercado e é ele que detém o termômetro que demonstra a nossa resistência às mudanças ao deixarmos de olhar para o passado para viver o presente e desenhar o nosso futuro. O mercado mudou a forma de fazer negócios e entendemos que podemos, sim, viver a sua expectativa no presente e planejar o sucesso.

Ainda que seja lugar comum citar os avanços tecnológicos, eles explicam as grandes mudanças que estão ocorrendo na forma de fazer negócio ou na procura pelo perfil ideal para cada cargo ou função nas empresas. O capital humano passou a ter uma crescente importância nos negócios principalmente com a chegada da globalização. Nesse contexto, além das grandes marcas que se tornaram mundiais, as pessoas começaram a perceber que ter uma proposta única de valor as diferenciava em um mercado extremamente competitivo. O *marketing* colaborou muito para essa visão de futuro e, além das empresas que querem ser vistas e lembradas através das suas potentes marcas, ou *brand*, as pessoas desejam, mais, necessitam, ter uma marca pessoal.

Em 1997, Tom Peters, guru de gestão e de excelência, escreveu um artigo bombástico na revista "Fast Company" onde ele propunha que já estava mais que na hora de um indivíduo criar sua própria marca. Uma pessoa? Uma marca pessoal? Sim, Tom Peters conclamava os indivíduos a construírem sua própria marca pessoal, o que faria com que eles se diferenciassem no mercado.

Imagem Pessoal X Marca Pessoal. É muito comum as pessoas confundirem marca pessoal com imagem pessoal. As duas são complementares,mas a marca pessoal vai mais longe, entra na questão de valores como ética, autenticidade, credibilidade e confiança. Suas raízes estão na forma como enxergamos o mundo, no modo como encaramos as situações corriqueiras ou não da vida, a maneira como nos relacionamos com outras pessoas e com nós mesmos.

A imagem faz parte do processo de desenvolvimento da marca pessoal. Se a preocupação for somente com o seu visual, é como se fosse um verniz que é passado em cima de algum objeto e que se desgasta com o tempo e condições climáticas.

Uma marca pessoal resiste ao tempo. Quem possui uma marca pessoal que se sobressai no mercado tem mais chance de ser reconhecido por aquilo que tem de mais valioso e não por algo superficial que foi criado por exigência do mercado. Se tomar chuva, o verniz escorre todo, apresentando ao mundo quem de fato é a pessoa, uma fraude. Quem já não comprou gato por lebre?

Quem precisa de uma marca pessoal? A princípio quem mais necessita de uma marca pessoal forte para alavancar seus resultados são aquelas pessoas cujos negócios são elas mesmas, isto é, médicos, advogados, dentistas, *personal trainers, coaches,* psicólogos, jornalistas, celebridades, apresentadores, consultores, arquitetos, mentores, empreendedores, líderes. Jovens em início de carreira, pessoas que querem novo posicionamento na carreira, aqueles que querem mudar de carreira ou ainda o empreendedor que quer começar um novo negócio também fazem parte do time. No final, todos os que usam seu próprio nome ao se apresentarem e pretendem ter como logomarca a sua própria marca e não a de uma empresa, instituição ou associação.

A sua marca pessoal começa pelo seu nome. Faça uma pausa e pense em nomes de marcas de luxo consagradas no mercado de roupas, carros, calçados, bolsas, relógios, joalherias, restaurantes e vinhos. Pensou? De todas as marcas que você pensou, quantas carregam o nome do seu dono? São marcas poderosas, ancoradas em pessoas poderosas. Imagine se em vez de Chanel, a estilista Coco Chanel tivesse colocado outro nome no seu ateliê que não tivesse nada a ver com a marca pessoal dela? Ela não se tornaria inesquecível mesmo depois de tantos anos após sua morte.

Inesquecível é um dos atributos atrelados à marca pessoal. Em outros tempos falava-se em ser insubstituível. Era o mais perto que alguém poderia chegar para ser lembrado por alguma característica especial que o diferenciava dos demais, porém, passado algum tempo essa pessoa era substituída por outra talvez até melhor. Assim como Chanel, o legado de quem possui uma marca pessoal forte e consistente é ser lembrado mesmo quando não está presente. E ser inesquecível é a essência do sucesso, pois isso quer dizer que você, com suas características únicas, conseguiu cravar sua marca na mente de seus clientes e do mercado.

Uma marca pessoal cumpre o que promete. Assim como as clientes da Maison Chanel procuram o suprassumo da elegância europeia nos clássicos da estilista, os clientes da Apple procuram um *designer* inovador e uma funcionalidade objetiva e direta. Marcas famosas têm o poder de concretizar as expectativas do cliente que estão expressas na missão da empresa fidelizando-o por aquilo que a empresa promete e cumpre.

A sua reputação se estende ao seu produto. Da mesma forma sua marca pessoal deve funcionar. Isso confere confiança e credibilidade ao universo da sua marca. Não apenas à marca em si, mas também à sua reputação que se estende ao seu produto, às pessoas que trabalham com você, sua imagem pessoal e profissional, enfim, a toda estrutura criada em volta da sua marca pessoal.

Autoconhecimento é a base de uma marca pessoal. Para se construir uma marca pessoal de alto valor agregado temos de estudar as competências necessárias para colocar em prática quais são nossos pontos fortes. Rapidamente, fale quatro pontos que você considera fortes em si mesmo. Ao descobrir seus pontos fortes, descobrirá também se existem habilidades ligadas a eles, qual sua personalidade, seus talentos, quantos verdadeiros tesouros estão escondidos dentro de você. Qual sua missão? Depois dessa análise você estará apto(a) a responder, porque as pessoas se tornarão clientes. A resposta será porque sua marca está alinhada com seus valores e com as expectativas de valor do seu cliente. Sua marca pessoal deve ser inspiradora, levar você para a realização de seus objetivos. As pessoas, via de regra, compram por emoção e assim elas compram não o seu produto, mas o valor que elas percebem do seu produto através do que você transmite a elas por via dos canais sensoriais.

Todos nós somos analisados o tempo todo, consciente ou inconscientemente, pelas pessoas à nossa volta. Essa análise leva a uma percepção que chamamos de primeira impressão. Por isso as grandes marcas estão sempre atreladas a pessoas famosas, formadoras de opinião, pois nós atrelamos ao produto um desejo interno que nos move para a realização, um desejo de ser bem-sucedido.

Pode ser que a primeira impressão não se consolide, mas ela é um indicador da conexão entre sua identidade e a percepção na mente das pessoas. A sua marca deve chegar junto com você. Ela é parte de você, sua identidade, sua impressão digital.

A sua unicidade, a sua singularidade faz com que você tenha credibilidade no mercado, pois você terá autenticidade, o pilar principal. Nesse, a atitude é uma alavanca, porque sem ela não se pode posicionar sua marca pessoal no mercado. A atitude é a força motriz para garantir que você não esmoreça quando necessitar de sua coragem para manter a consistência. É essencial que estejamos alinhados com as realizações do passado, com as ações do presente e com a visão do que queremos para nosso futuro.

Essa unicidade diferencia você dos outros. Essa diferenciação posiciona e destaca sua marca pessoal no mercado perante a concorrência. Você se torna único, e lembre-se de que exclusividade traz uma série de benefícios, inclusive ganhos financeiros de dígitos consideráveis e ganhos sociais importantes para o seu *networking*.

Networking. *Networking* significa estabelecer um relacionamento com uma rede de contatos que partilha serviços e informações, não é apenas uma troca de cartões. Aliás, a identidade visual do seu cartão não deve ser definida antes da definição de sua marca pessoal senão, mais uma vez, você vai deixar nas mãos do outro a construção de sua identidade sem passar pelos filtros do posicionamento. Quantos dividendos sociais e financeiros você vai perder?

Nesses tempos de imediatismo, principalmente na *internet*, você deve mostrar logo a que veio e dessa maneira, se você deseja empreender ou se inserir no mercado de trabalho, a sua marca deve ser comunicada, atraindo o nicho que você quer atingir.

> "Marca pessoal é aquilo que as pessoas falam de você quando você vai embora." Jeff Bezos

O objetivo final da marca pessoal é impactar. Impacto é quando nosso modo de ser gera ondas positivas que são capazes de modificar, através de nosso exemplo de valor, a vida das pessoas e fazer com que elas continuem a gerar outras ondas de valores positivos. Todo mundo, escreveu Tom Peters em seu artigo bombástico, tem a chance de impactar. Todos temos oportunidade de aprender, nos desenvolver e construir novas competências. Todos temos a chance de nos tornarmos uma marca pessoal de valor. E ninguém entende mais isso do que a *internet* através dos construtores de sites e mídias sociais.

A *internet* chegou para agregar relevância à marca pessoal. Uma pessoa não abre um *e-mail* seu se você não for relevante para ela. A *internet* ampliou consideravelmente nossa chance de impactar o meio em que vivemos e sermos relevantes através da comunicação em massa, o que faz com que a comunicação seja outro pilar importante dentro da construção da marca pessoal. A sua habilidade em se comunicar com seu nicho faz com ele entenda e abrace a sua marca, tornando-se seu seguidor.

Pense em Silvio Santos, Oprah Winfrey, Barack Obama. Eles não apenas representam seus trabalhos, eles são o seu trabalho. Eles são inesquecíveis, influentes, expoentes. Quando pensamos neles nossa mente coleta uma série de informações e nos ajuda a estabelecer uma conexão instantânea com a mensagem inequívoca que eles transmitem. Não há dúvidas sobre seus propósitos de vida nem sobre a paixão com que eles buscam manter-se nos seus propósitos.

Marca Pessoal é mostrar ao mundo quem você é, de maneira clara como cristal, de modo que as pessoas percebam porque você é diferente das demais pessoas na mesma área que você, porque elas devem confiam em você e comprar seus serviços. Marca pessoal é aquilo que as pessoas que compõem seu nicho apreendem de você e de seu negócio, de sua carreira. Qual o seu propósito e que você deixa isso bem claro em seus produtos e serviços. Marca pessoal é se tornar inesquecível e impactar positivamente o meio em que vive e se diferenciar na multidão pela sua singularidade, valores, autenticidade, confiança e credibilidade. É descobrir que aqueles valores nos quais você acredita estão expressos claramente na sua proposta de valor único.

Descobrir sua marca pessoal pode ser fácil, mas também complexo, como disse Tom Peters em seu artigo. É como achar o Wally no meio da multidão. Sabemos que o autoconhecimento não é um caminho fácil e que o sucesso exige esforços concentrados para o seu público achar você no meio da multidão, escolher você para parceiro de negócios ou tornar-se um seguidor de suas ideias. O sucesso exige de você uma milha extra para se conscientizar em que você é único e qual sua característica mais potente para alavancar seus resultados. Quem é você, aonde quer chegar e como quer ser reconhecido pelo mercado?

A resposta será a comunicação de sua marca pessoal. Esteja certo de que as pessoas compreendam bem essa mensagem.

"Marca pessoal é se tornar inesquecível e impactar positivamente o meio em que vive e se diferenciar na multidão pela sua singularidade, valores, autenticidade, confiança e credibilidade. É descobrir que aqueles valores nos quais você acredita estão expressos claramente na sua proposta de valor único."

Deborah Perrone

Referências bibliográficas

Solomon, Nancy D., Cause Impacto: O que Toda Mulher Precisa Saber para Transformar Todo o seu Potencial em Resultados na Vida e no Trabalho. Editora Gente. 3ª ed.

Fast Company Magazine. The Brand Called You. 1997.

Kotler, Philip. Administração de Marketing. 2000. Pearson Education do Brasil. 10a. ed.

Cohen, William A. - Drucker on Marketing: Lessons from the World's Most Influential Business Thinker. Ed. MacGrow-Hills Company, 2013.

Networking & Empreendedorismo

O boca a boca como estratégia de marketing

Décio de Freitas Dias

Décio de Freitas Dias

Tem 40 anos de atividade profissional.
É formado em Desenho Industrial pela Universidade Mackenzie e Gestão Comercial pela Fundetec Fundação para Desenvolvimento Tecnológico e Comercial. Formado em Competências Interpessoais no Instituto Dale Carnegie.
Trabalhou na área comercial de grandes multinacionais como: Pneus Michelin, Mercedes Bens Caminhões, Scania do Brasil Caminhões, Vivo Telecomunicações e Nextel Telecomunicações.
Atuou como consultor em gestão de custos de telefonia.
Atualmente é diretor executivo do BNI Brasil, Business Network International.
Palestrante em *networking*, *netweaver* e formador de grupos de negócios na região do ABC e São Paulo.

(11) 2758-1385
decio.freitas@bnibrasil.com.br
www.facebook.com/decio.defreitasdias

É sem dúvida a mais primitiva forma de *marketing*, surgida provavelmente ao mesmo tempo em que a linguagem verbal começou a fazer sentido como forma de relacionamento humano. Não podemos ter certeza, não há testemunhas oculares nem testemunhos por escrito, porque a escrita veio muito depois, mas como bem ambientado na entrevista feita a Andy Sernovitz por seu entrevistador, ele não é novo. Na verdade, o provável é que após a primeira venda da história da humanidade ele tenha começado a ser utilizado. Fábio Bandeira de Mello, www.administradores.com, 18 de outubro de 2012, se não surgiu com a comunicação verbal humana não escapou do comércio. Muito antes dos papas do *marketing* e das mídias tecnológicas o *marketing* boca a boca já era uma forma de *feedback* e de propaganda na recém-nascida instituição do comércio.

Sem custo, sem interesses, espontâneo com certeza, sem estatísticas, sem pesquisa, puro, emocional e verdadeiro.

Sinônimo de satisfação se positivo ou ácido e corrosivo se negativo.

Inquestionável do ponto de vista estatístico e sem margem de erro.

Assim era o *marketing* boca a boca, influenciável, porém, sem nenhum vício.

Muitas coisas mudaram desde então, o comércio cresceu, atravessou mares e culturas, a industrialização avançou com verdadeiras revoluções, grandes volumes tinham de ser colocados no mercado, mas o boca a boca permanecia como única ferramenta de *marketing*. Com os avanços tecnológicos, novas práticas se inseriram no mercado. Novos meios de comunicação além da fala, a escrita, a impressão, a comunicação à distância pelo telégrafo, depois a telefonia e assim por diante, acabaram criando novas necessidades e aumento de demanda de tudo o que se possa imaginar em termos de produtos e serviços.

O boca a boca recebe agora a incumbência de fazer propaganda, é veículo para tudo, de política a usos e costumes.

Novas descobertas tecnológicas, maior velocidade nas comunicações, novas mídias, novos mercados, produtos e serviços fizeram com que novas estratégias de *marketing* fossem aplicadas, o boca a boca parecia insuficiente para transmitir tantas informações. Parecia que não daria conta de divulgar tanta novidade e dar o retorno necessário e em tempo tão curto aos centros de decisão, as máquinas não podiam parar. Mais investimento, mais tecnologia, mais processos e, consequentemente, mais custos.

Ninguém tem mais tempo a perder. Tempo é dinheiro. Dinheiro chama dinheiro.

A lógica do mercado mata no berço muitas iniciativas empreendedoras, mesmo antes de nascerem. É como uma doença congênita. Daquelas que não se aconselha nem a paternidade. Fazer nascer uma empresa sem dinheiro ou sem uma moderna estratégia de *marketing* virou uma gravidez de alto risco.

Mas, e no passado, como nasceram essas empresas?

Por que davam certo?

Será que essa tecnologia toda não poderia se aplicar ao boca a boca simplesmente, e fazendo mais rápido o que se fazia antes de forma lenta?

É possível que sim. E com muito menos custo.

Sem verba e sem estrutura talvez. Sem *marketing* não.

O que pode representar uma quebra de paradigma é que muitos empreendedores decidem dar à luz empresas sem verba suficiente e sem uma estrutura mínima desejável.

Os índices de natalidade de empresas nessas condições surpreendem. Já os índices de mortalidade não nos surpreendem em nada.

Mas e os sobreviventes, como conseguiram chegar ao primeiro aniversário e seguiram?

Está aí uma boa oportunidade de provar que o *marketing* mais rudimentar possível fez a diferença.

O *marketing* boca a boca tem essa função, mesmo que de forma instintiva.

O empreendedor tem aplicado essa poderosa ferramenta e tem conseguido com baixo custo suprir suas deficiências. Essas deficiências muitas vezes ocorrem não só por falta de uma verba de *marketing* ou de uma estrutura mínima, mas também até por falta de conhecimento, ou falhas no plano de negócios, às vezes até inexistente.

Falhas na definição de uma estratégia de mercado ou falta de um melhor desenvolvimento do produto ou serviço. Muitas vezes sem pesquisa de mercado e público-alvo. Sem conhecer a verdadeira demanda por determinado produto ou serviço. Até mesmo sem o capital de giro mínimo. Ainda assim é possível encontrar histórias de sucesso em cenários totalmente adversos.

É lógico que, quanto mais fatores desses tipos se acumularem em um mesmo cenário e num mesmo período de tempo, menores serão as chances de sobrevivência. Mas mesmo com a incidência de alguns fatores em períodos diferentes as chances são totais de recuperação.

Para termos uma melhor ideia, nada como a opinião de um especialista. O BNI - Business Network International, maior organização do mundo em *networking* de negócios, presente em 64 países com mais de 7.300 grupos de empresários e profissionais liberais voltados para indicação de negócios e que congrega hoje mais de 192.000 empresários, sabe o que significa isso.

Em entrevista concedida por Marcos Martins, diretor nacional do BNI-Brasil em São Paulo, ficou clara a contribuição do *marketing* boca a boca para empresas de micro, pequeno e grande porte como também para profissionais liberais dos mais diversos setores. Segundo ele, o principal motivo de as empresas procurarem o *networking* de negócios é porque precisam de resultados imediatos, negócios propriamente ditos. Mas o que ocorre na maioria das vezes é que nesses relacionamentos semanais, em que cada membro reserva a sua atividade e a participação em 50 reuniões, muitos acabam descobrindo que seu produto ou serviço está errado, o preço também, o público-alvo distorcido, e invariavelmente, vez ou outra, nos deparamos com empresas, com até certo destaque no mercado, que nunca tiveram a elaboração de um plano de negócio, não têm uma estratégia e por vezes desconhecem até sua missão, visão e valores. O que ocorre nesses casos é que, usando o conhecimento de parceiros dessas áreas empresariais, contratam esses serviços internamente ao grupo e usam seus próprios serviços e produtos como permuta para se adequarem ao mercado. Muitos chegam a ter mais retorno financeiro com essas adequações do que em negócios fechados.

Segundo, ainda, Marcos Martins, a própria história do BNI seguiu esse curso. Conta ele que o fundador da entidade, Ivan Misner, consultor de empresas na época na área administrativa financeira, enfrentava uma escassez de oportunidades de novos negócios e pela falta de perspectivas decidiu se mexer e tomou uma iniciativa para evitar os tempos difíceis que se anunciavam. Como precisava de negócios com certa urgência em uma área onde a prospecção e/ou a indicação são apenas um dos primeiros passos de um caminho muito longo até se chegar à venda propriamente dita, traçou uma estratégia para acelerar esse processo. Decidiu falar com o maior número de pessoas no menor tempo possível e para isso organizou um encontro, um café da manhã, onde deveriam estar pessoas que já o conheciam, pessoas influentes, amigos, fornecedores, clientes e *prospects*. Reuniu ali um pequeno grupo entre 20 e 30 pessoas para um café de negócios. Surgia ali o BNI. Uma organização onde o produto é uma estratégia de *networking* e, mais do que isso, Ivan Misner tornou-se hoje a maior autoridade em *networking* de negócios no mundo.

Por quê? Será que ele conseguiu ali naquele café o maior negócio da sua vida? Não, conclui Marcos Martins, porque percebeu a oportunidade. Em algum momento daquele encontro percebeu pessoas interagindo, se conhecendo, pessoas que ele já conhecia, mas que estavam se vendo ali pela primeira vez, e muitos enxergando oportunidades já no primeiro contato. Essa dinâmica tinha uma energia que despertou Ivan. Outros cafés foram marcados, mais pessoas souberam da iniciativa, mais pessoas se conheceram e trouxeram outras. Negócios foram gerados. Ao final do ano de 1985 já eram 20 grupos formados. Nascia ali uma organização, um negócio para ajudar pessoas a desenvolverem negócios. Há relatos de empresas que começaram nesses encontros, pessoas que não se conheciam se juntaram em torno de seus ideais e de suas experiências e formaram parcerias duradouras e criaram sociedades com objetivos comerciais. Hoje já são mais de 7.300 grupos.

O fato é que mesmo que não houvesse permuta e contratação de serviços o aprofundamento dos relacionamentos especialmente em grupos leva à prática de valores que normalmente estão fora do mundo competitivo e hostil do mercado tradicional. Valores como cooperação, sustentabilidade, ajuda mútua e principalmente respeito, moral e ética. Comumente nesses grupos os caçadores não são bem-vindos. Na verdade, são agricultores que se juntam em torno de objetivos comuns como dar para receber, crescer juntos, ganhar contribuindo e fortalecer o grupo para ter parceiros fortes. O exemplo disso é o próprio *slogan* adotado pelo BNI e que se traduz na sua política: "Givers Gain", onde "doadores ganham".

Sem verba e sem estrutura talvez. Sem o tradicional *marketing* com certeza. Desde que se substitua por uma rede de relacionamentos e *marketing* boca a boca baseado em relacionamentos. Esses relacionamentos geram confiança. Confiança gera credibilidade. Credibilidade é o elemento capaz de acelerar qualquer processo, seja ele administrativo ou operacional. Quanto maior for uma rede de relacionamentos mais essa rede poderá trabalhar em favor dela mesma. Mais essa rede trabalhará o negócio, produto ou serviço.

O conhecimento existente e as experiências geradas pela interação de pessoas dentro dessa rede podem ser aplicados desde o plano de negócio e planejamento estratégico até, e principalmente, como estratégia para atingir o mercado alvo e gerar negócios.

A importância do *marketing* boca a boca sendo usado pelo empreendedor, desde a pesquisa de viabilidade do negócio, passando pela formatação da empresa, realização de parcerias, desenvolvimento do produto ou serviço, definição do público-alvo, divulgação, indicação e realização de negócios, pode fazer por uma empresa o que só seria possível com o investimento contínuo de muito dinheiro.

O boca a boca é o que é multiplicação

Muito antes de se tornar um conceito de *marketing*, o boca a boca já era uma ferramenta inerente à linguagem usada na comunicação humana. A necessidade da troca de experiências, vividas ou não. O poder de um ser humano influenciar o outro através da linguagem, interagindo e transferindo informações boas ou más, a respeito de fatos do cotidiano. Cara a cara, olho no olho, passando opiniões, sentimentos, sensações, emoções. Fazendo com que uma bagagem cerebral positiva ou negativa migrasse de um para o outro simultaneamente. E, depois, em algum momento replicando essas experiências com outros e multiplicando numa progressão aritmética o conteúdo dessas informações. De um em um, de boca em boca. A tecnologia transformou o um a um no um a muitos. A progressão tornou-se geométrica. Uma opinião em uma rede social tem o poder de multiplicação de uma bomba atômica.

Antes havia uma máxima que dizia que um cliente satisfeito conta a experiência para outros três. Um cliente insatisfeito, conta para 13.

Hoje, com as redes sociais um cliente insatisfeito conta pro "Face".

Isso bastou para que o *marketing* incorporasse um hábito tão antigo, a troca de experiências, à vasta lista de ferramentas do *marketing*, batizado agora de *marketing* boca a boca.

Os elementos básicos do *marketing* boca a boca são:

• Educar as pessoas sobre seus produtos e serviços

• Identificar as pessoas mais suscetíveis de partilhar as suas opiniões

• Fornecer ferramentas que tornarão mais fácil o compartilhamento de informações

• Estudar como, onde e quando opiniões e pareceres estão sendo compartilhados

• Ouvir e responder aos adeptos, detratores e neutrais.

Técnicas que estão orientadas para incentivar e ajudar as pessoas a falarem umas com as outras sobre produtos e serviços:

• **Buzz marketing:** usando o entretenimento de alto nível ou notícias para pedir às pessoas para falar sobre sua marca.

• **Marketing viral:** criação de entretenimento informativo ou mensagens que são concebidas para serem transmitidas de uma forma exponencial, muitas vezes por via eletrônica ou por *e-mail*.

• **Community marketing:** formando nicho ou o apoio das comunidades que são suscetíveis a partilhar interesses sobre a marca (tais como grupos de utilizadores, fã clubes, e fóruns de discussão); fornecendo ferramentas, conteúdos e informação de apoio a essas comunidades.

• **Grassroots marketing:** organizar e motivar voluntários a empenhar-se em evangelismo pessoal ou local.

• **Marketing de evangelização:** cultivo de evangelistas, advogados ou voluntários, que são encorajados a assumir um papel de liderança para ativamente espalhar a palavra em seu nome.

• **Seeding:** colocar o produto à mão do usuário, no momento certo, fornecendo informações ou amostras a indivíduos influentes.

• **Marketing de influência:** identificação das principais comunidades e formadores de opinião que são suscetíveis a falar sobre produtos e têm a capacidade de influenciar a opinião dos outros.

• **Cause marketing:** apoiar causas sociais para ganhar respeito e apoio das pessoas que se sentem fortemente identificadas com a causa.

• **Criação de conversações:** pegar frases, entretenimento, divertimento, jogos, promoções, concebidos para iniciar a atividade boca a boca.

• **Brand blogging:** criação e/ou ativação de blogs que participam da blogosfera, com espírito aberto, transparentes, opinativos; partilhando informação de valor para a sua comunidade de usuários.

• **Programas de referenciação:** criação de ferramentas que permitem aos clientes satisfeitos referenciar produtos e serviços aos seus amigos.

Em mídias sociais, campo fértil para o *Marketing* Boca a Boca, ouvir o consumidor significa:

1. Não filtrar conversas

2. Responder prontamente e com sinceridade às suas preocupações

3. Valorizar a opinião do interlocutor, ainda que seja positivo, negativo ou neutro.

Networking & Empreendedorismo

Conceitos fundamentais

Dimitrios Asvestas

Dimitrios Asvestas

Palestrante conferencista. Diretor da THOR - Mentoria e Excelência Humana.
Conselheiro da Associação Comercial de São Paulo – Mooca. Membro do GRAI – Grupo de Relacionamento e Apoio à Industria, do CIESP-Sul.
Master coach e *holo-mentor*, certificado pelo Instituto HOLOS.
Colaborador voluntário no Orfanato Cantinho Mei-Mei.
Consultor na área de treinamentos comportamentais e de saúde. Especialista em planejamento financeiro pessoal – mercado de investimentos e proteções financeiras.
Sócio do Rotary Club de São Paulo, Vila Alpina.
Membro Carpe Dien Mototurismo, Bodes do Asfalto, Estilo BigTrail, Beemer e Portal BigTrail.

(11) 98100-9390
dimitrios@dimitriosas.com.br

Networking & Empreendedorismo

Nas últimas décadas, a globalização tendo a China no quintal de casa, com tantas redes sociais consumindo nosso tempo de trabalho, diminuindo o nosso tempo sem que nos apercebamos da ilusão de estarmos conectados para realizarmos negócios, fica uma pergunta.

Como expandir negócios e construir relacionamentos?

Trata-se do *networking*, que em inglês significa *net* = rede + *working* = trabalhando, ou, para resumir, a possibilidade de fazer negócios e se colocar profissionalmente por meio da rede de amigos.

Fazer *networking* é conhecer alguém com uma situação ou necessidade, saber de outra capaz de solucionar essa necessidade, e ligar esses dois indivíduos. Essa troca de referências e indicações mais cedo ou mais tarde irá beneficiar a todos nessa troca de indicações e, graças a um amigo em comum, outro sujeito, desconhecido até então, poderá encontrar uma saída para suas necessidades. O *networking* é feito por quem conecta, portanto, quanto mais pessoas conseguirmos reunir, mais a rede crescerá e você sempre será lembrado quando necessitarem de soluções.

Empreendedorismo, de acordo com o dicionário Caldas Aulete da Língua Portuguesa, significa: "Visão que prioriza a iniciativa de empreender, de criar ativos, empresas, atividades etc."

Na dinâmica dos dias atuais, com as pessoas buscando a cada dia vencer mais e mais desafios, conectadas o tempo todo, vivendo em situações de stress e pressão constantes, entramos num ritmo frenético da necessidade de crescer, e expandir constantemente.

Muitas pessoas perderam totalmente o foco na busca das mais variáveis alternativas de negócios com o desejo de conquistar um lugar ao sol.

Passamos a nos comunicar grande parte do tempo via redes sociais. Vejo pessoas que praticamente não telefonam mais para amigos ou clientes.

Negócios e relacionamentos em sua maioria são realizados via conexão virtual.

Em sua grande maioria, as pessoas estão se esquecendo de que somos seres de hábitos de relação. Ou seja, seres humanos gostam e apreciam se relacionar pessoalmente.

Se levarmos em conta que o brasileiro, sendo um povo latino, de sangue quente, mais do que nunca o desejo em estar pessoalmente ligado é de fundamental importância para o sucesso em todas as áreas de nossas vidas.

Parto do princípio de que é imprescindível estruturar aqui alguns passos ou etapas importantes ao leitor que me prestigia, sobre essa questão de *networking* com foco no empreendedorismo.

Construímos relacionamentos por afinidades. Diante dessa premissa, antes de começar a buscar meus pares para empreender, é de vital importância que você possa responder algumas perguntas abaixo:

- Qual seu sonho ou objetivos?
- Qual a proposta de valor de minha empresa ou negócio para com a sociedade?
- Qual público desejo atender com meus produtos ou serviços?
- Qual meu Produto Final Valioso?
- Missão, Visão, Valores. Já estão definidos?
- Qual área de atuação no mercado desejo desejo focar?

A partir dessas respostas poderemos então iniciar o trabalho efetivo de *networking*.

Construir relacionamentos com base em nossas afinidades e desejos de crescimento e/ou expansão, ramo de atividade e público-alvo.

Muitas pessoas/empresários têm uma fantástica habilidade em construir relacionamentos, no entanto, não sabem como transformá-los em resultados positivos em seus negócios.

Há um constante crescimento, a cada dia, de grupos de negócios, de *networking*, rodadas de negócios e tantos outros e que se não tivermos respondido as questões acima corremos o risco de vivermos em constantes visitas e participações nos mais diversos grupos distribuindo e recolhendo cartões de visitas numa busca sem fim de possíveis novos clientes.

Outro ponto importante a ressaltar é que o empreendedor não deve ter vergonha de conversar com ninguém, estabelecer novos contatos é fundamental para a sustentabilidade de seu negócio.

Ficar paralisado dentro do escritório apenas se relacionando com clientes, fornecedores pelo telefone não haverá de agregar valores positivos, tampouco promover crescimento e expansão.

O gestor da atualidade não pode, ou melhor, não deveria estar atrás da mesa em seu escritório. O gestor de sucesso do futuro deve estar presente sempre que possível em eventos, feiras nacionais e internacionais, encontros relativos à área de atuação em seu segmento.

Por mais experiente que seja, por mais conhecimento que detenha, em um evento de negócios ou feira, com toda certeza irá encontrar situações, produtos ou serviços que poderão lhe ajudar a se tornar mais competitivo. Afinal, nada se cria, tudo se copia e se aperfeiçoa no universo.

Alguns passos importantes como:

• Mapear os interesses dos contatos relacionados, nesse momento relacionando necessidades, desejo, seus *hobbies* e criando critérios para seleção de grupos conforme o foco

• Definir rotinas para agenda de visita e contato pessoal, pois nada substitui o tradicional olho no olho. A confiança para realização de negócios de longo prazo somente acontece quando estabelecemos essa relação pessoal.

• Relacionar seus contatos potenciais, qualificando os mesmos com base em plataformas de CRM (Costumer Relationship Manager).

• Estar aberto a criar possibilidades de troca de serviços através de parceiras estratégicas com o principio básico do ganha-ganha.

Construir relacionamentos e a partir daí incentivar seus membros ao universo do empreendedorismo tem sido a tônica de grandes corporações internacionais que na atualidade de forma global têm sido responsáveis pela geração de bilhões de dólares em faturamento.

De acordo com a definição de empreendedorismo citada no início do artigo, posso sem medo de errar citar empresas que se tornaram um ícone nessas questões.

Empresas como Nutrilite e Amway (EUA), que são as precursoras de modelos e negócios com base em *networking* e empreendedorismo, ao longo de quase seis décadas mantêm a liderança no mundo global, com faturamento atual próximo aos U$ 12 bilhões/ano.

Esse modelo de negócio no mundo globalizado movimenta mais de U$ 182.000 bilhões com mais de 103 milhões de empreendedores ligados através de suas redes de relacionamentos (*networking*), fomentando o empreendedorismo e realizando negócios ao redor do mundo.

As precursoras desse modelo de negócio desde a década de 60 têm se utilizado da força das redes de relacionamento, amigos e contatos para criar oportunidades de empreendedorismo com perspectivas de rentabilidade muito expressivas.

No Brasil, a partir da década de 90, o foco em *networking* e empreendedorismo tem crescido a passos largos.

Já a partir de 2009 grupos específicos de *networking*, como BNI - Business Networking International (EUA), aportaram no Brasil e só no ano passado foram gerados mais de R$ 90 milhões em negócios pelas redes de *networking*, fomentando negócios a partir das referências profissionais de cada membro associado.

Nos últimos anos, inúmeros grupos de negócios têm se estruturado para fomentar o empreendedorismo através do *networking*, como encontro de negócios, café de negócios, rodadas de negócios e outros tantos modelos, e a base desses projetos está sempre relacionada às redes de contato de cada membro.

Por isso, a primeira coisa a fazer é buscar um foco, pensar qual resultado deseja obter com esse grupo, pois vários benefícios existem, tais como:

• Aprendizado

• Troca de experiências

• Troca de informações

• Transformar a rede de contatos em uma rede de influência e proteção

• Detectar talentos no mercado

• Detectar novas oportunidades e ameaça

• Gerar negócios

Não há mais como estar ou permanecer alheio a esse novo tempo e modelo de geração de negócios.

Essa mudança e forma de fazer negócios irá crescer e se aperfeiçoar nos próximos anos, gerando uma grande mudança na maneira de se realizar negócios do futuro.

Esse conceito acontece com base na confiança e no relacionamento entre amigos e empresários em que cada um passa a referenciar e se tornar um ""HUB"" de conexão.

Sob uma ótica mais abrangente e de médio prazo, veremos inclusive mudanças e alterações até mesmo na legislação trabalhista, pois o empreendedorismo individual vem crescendo expressivamente.

Cada dia mais e mais pessoas estão migrando dos tradicionais contratos com carteira de trabalho assinada para montar seu próprio negócio, muitas vezes como empreendedores individuais.

Os brasileiros têm observado a cada dia a importância das redes de contatos e suas possibilidades de geração de negócios. De acordo com artigo da Endeavor Brasil de 13/01/2015:

"Não basta entrar no Facebook ou LinkedIn e adicionar todo mundo ou distribuir todos os seus cartões de visitas. A força da sua rede de contatos depende da qualidade das conexões estabelecidas.

A força e a longevidade da sua rede de contatos dependem mais da qualidade das conexões estabelecidas do que da quantidade de pessoas que está nela. Em uma palestra, conferência, cursos e outros eventos que favoreçam o *networking*, busque um envolvimento com pessoas novas, ao invés de se manter em grupos conhecidos. Tente fazer perguntas sobre a outra pessoa, em vez de falar de si e do seu negócio logo de início. Demonstrar interesse e construir uma conversa é essencial e pode revelar mais sobre oportunidades de crescimento que poderão ser aproveitadas futuramente.

Para manter um contato vivo, uma comunicação recorrente é importante. Mesmo um lembrete de aniversário ou um artigo que possa acrescentar à conversa que vocês tiveram fazem a diferença. Como consequência, não só seu negócio vê os benefícios caso parcerias profissionais sejam estabelecidas, como a troca de conhecimento pessoal tende a ser enriquecedora, quando o relacionamento é autêntico. Ele também transcende as empresas em que vocês estão, ou seja, mesmo em outros momentos de vida, seus contatos podem vir a ser úteis.

Aqui mais uma vez venho reforçar a importância fundamental da manutenção correta de um CRM, com dados sempre atuais e o mais repleto e detalhado possível.

Como empreendedor, o *networking* pode ser fundamental para o crescimento do seu negócio. Mas não apenas isso, pode ser um processo de construção de amizades motivada por interesses mútuos. Cultivando conexões genuínas, sua rede de contatos pode ser ampliada inclusive de forma espontânea, conforme você e seu negócio causem boas impressões e são referenciados. Com um pouco de prática, seu capital social se torna cada vez mais valioso, expandindo sua capacidade de formar relacionamentos sólidos, pessoais e profissionais". (Pequenas Empresas Grandes Negócios - 13/01/2015)

Segundo um estudo da consultoria internacional Robert Half, o *e-mail* é apontado como o maior canal utilizado para manter contatos profissionais e fortalecer o *networking* (50%). Nos três anos anteriores, quem liderava a pesquisa eram as redes sociais. O levantamento indicou também que a maior motivação para o *networking* é a possibilidade de se atualizar sobre as novidades e avanços da área de atuação.

"Quem tenta se relacionar com um monte de gente ao mesmo tempo tende a aproveitar mal as conexões, pois a atenção se dispersa", escreveu o professor Robert Cross, especialista em comportamento organizacional da Universidade de Virgínia, nos Estados Unidos, num artigo sobre redes sociais e negócios publicado na revista Harvard Business Review.

Para desenvolver o *network* e obter o sucesso desejado, há necessidade de se preparar para tal.

Um bom PRONET - Professional Network, deve seguir alguns passos básicos para alcançar os resultados almejados.

• Sirva as pessoas.

• Cuide de sua reputação.

• Ajude sempre.

• Não tenha um olhar sobre os outros como concorrentes mas como parceiros de negócios.

• Evite o anseio, o desejo de vender já no primeiro contato.

• Seja um "conduíte". O responsável por ser o elo entre dois interessados.

• Participe de associações ou grupos de negócios.

• Ouça mais e fale menos.

• Seja interessante e não interesseiro (em alguns grupos os interesseiros são considerados como caçadores e logo se desligam automaticamente).

• Prepare-se para o *networking*. Esteja sempre bem vestido, tenha um numero razoável de cartões de visita conforme o evento ou encontro de que estará participando. Treine sua apresentação. Ouça atentamente e fale com clareza sobre seu negócio.

Um bom curso de oratória é imprescindível na atualidade, principalmente se você deseja expandir seus negócios através do conceito do *networking* com foco no empreendedorismo.

Falar bem, de maneira clara e coesa é fator preponderante para conquistar a confiança dos parceiros. Estar convicto de seus projetos e sua proposta de valor.

Finalizando, entendo que, para os próximos anos, veremos se consolidar cada vez mais esse modelo de fomento de negócios onde a premissa básica é a construção de novos negócios com base nos relacionamentos e afinidades.

E isso só será possível graças ao momento que estamos vivenciando no qual a cada dia estamos percebendo a importância de interagirmos no mundo dos negócios por referências.

Muito embora não sejam modelos ou maneiras novas de se realizar negócios, nos dias atuais isso tem se evidenciado como uma das melhores, seguras e rentáveis maneiras de crescermos em nossas atividades empresariais.

Seja muito bem-vindo ao mundo do *networking* e empreendedorismo.

Networking & Empreendedorismo

Gestão empreendedora não é uma arte. É uma prática.

José Cardoso Corrêa

José Cardoso Corrêa

Técnico em Contabilidade - Colégio Victor Viana-SP; sócio gerente da Régia Corretora de Seguros - Ribeirão Pires (SP); trabalhou no Banespa de 1965 a 1992; presidente do Rotary Club de Ribeirão Pires - Gestão 1998/1999; diretor tesoureiro do Clube dos Corretores de Seguros - Gestão 2004/2006.

(11) 4828-2038 / 4827-3510 / 99601-3410
regiaseguros@regiaseguros.com.br
cardoso@regiaseguros.com.br

"Numa sociedade com base no conhecimento, por definição é necessário que você seja estudante a vida toda." (Tom Peters)

O mundo passa por mudanças rápidas na economia, com empresas expandindo o foco dos seus produtos para os consumidores, com uma abordagem centrada não apenas no produto e no consumidor mas também no ser humano, no relacionamento interpessoal.

O mercado defronta-se nos dias de hoje com um consumidor mais bem informado, mais sofisticado, mais exigente, mais assertivo e menos fiel.

Várias causas vêm mudando o perfil do consumidor: mudança de hábitos, mídia fornecendo mais informação, a tecnologia mudando - do mundo mecânico para o mundo digital, *internet*, computadores, celulares e redes sociais -, tudo isso tem profundo impacto no comportamento de produtores e consumidores.

A aceleração desses avanços tecnológicos vem gerando uma oferta substancial na produtividade de diversos setores, criando condições de fornecimento sem precedentes de bens e serviços. O problema central com que se defrontam os negócios hoje é a escassez de clientes. A maioria dos setores da atividade em todo o mundo é capaz de produzir muito mais bens e serviços do que os consumidores são capazes de comprar.

Para atender esse novo consumidor cada vez mais exigente, novos empreendedores vêm surgindo no mercado com imaginação e criatividade, utilizando novas tecnologias, criando novos produtos e serviços de valor para o consumidor que até então não eram do seu conhecimento.

Utilizando *Networking* e Empreendedorismo, empresas e novos empreendedores vêm ocupando esses espaços inexplorados, inovando e criando produtos e serviços que representem valor e benefícios de forma que se tornem atraentes para os consumidores.

Convém destacar que inovação e valor devem estar atrelados para que despertem o interesse do consumidor. Valor sem inovação tende a concentrar-se na criação de bens e serviços em escala, mas não é suficiente para atrair todo o mercado. Inovação sem valor tende a ser movida a tecnologia, que talvez os compradores não estejam dispostos a comprar.

Empresas já existentes e outras que vão sendo criadas vêm investindo em *marketing* de relacionamento, ou seja, em *networking*, com o objetivo de manter boas relações com os fornecedores, motivar sua equipe de trabalho, colaboradores e proporcionar maior satisfação aos seus clientes.

Quando falamos em *networking*, surge uma pergunta: o que é *networking*?

Networking

Networking é uma palavra que significa rede, e tem origem no Inglês. Podemos considerar o *networking* como uma técnica de criar, desenvolver e manter uma rede de contatos com o objetivo de criar condições para a realização de novos negócios e que satisfaça interesses mútuos. Resumindo, significa *marketing* boca a boca.

Embora a palavra *networking* tenha surgido não há muito tempo no nosso vocabulário, verificamos que o *networking* sempre existiu. Empresas que se constituíram no passado sempre desenvolveram relacionamento para o desenvolvimento dos seus negócios.

Verificamos que atualmente pessoas e empresas vêm investindo em *networking* como ferramenta estratégica que podem ajudá-los no mundo profissional e dos negócios, principalmente com fornecedores, clientes e novos prospects. Interessados no *networking* normalmente participam de eventos, seminários, rodadas de negócios e nesses encontros procuram identificar pessoas que possam ser de interesse para os seus negócios e em contrapartida possam ajudá-los também no desenvolvimento nas atividades dessas pessoas

A construção de um *networking* é um processo que demanda tempo, paciência e persistência e é preciso ter em mente um objetivo definido e aonde se quer chegar.

As redes sociais surgiram como uma revolução na relação entre as pessoas, tornando a comunicação mais dinâmica, as ações pessoais mais públicas e as barreiras cada vez menores. Facebook, Twiter e LinkedIn são formas de comunicação que favorecem a prospecção de novos clientes, a conquista de novas oportunidades profissionais ou para encontrar um novo emprego quando se está trabalhando com *networking*.

Networking é também uma ferramenta de grande utilidade principalmente para pessoas que estão iniciando o seu próprio negócio e necessitam conquistar clientes para a venda dos seus produtos ou serviços. Verificamos também que empresas que já atuam há muito tempo no mercado utilizam esse *marketing* de relacionamento nas suas atividades. Podemos citar empresas do setor de cosméticos como a Avon e Mary Kay que divulgam e distribuem seus produtos através dessa rede de contatos, demonstrando valores e necessidades de utilização de seus produtos, criando assim novos consumidores.

Podemos citar ainda a Herba Life no segmento de alimentação, que através da rede de relacionamento distribui seus produtos visando a melhoria da saúde e estética dos consumidores.

Como vimos, o *networking* tem estreita relação com o empreendedorismo, pois essa rede de contatos que vem sendo aprimorada constantemente visa manter comunicação adequada com fornecedores, clientes e empregados.

Empreendedorismo

O que é empreendedorismo?

Se pesquisarmos em um dicionário o que quer dizer empreendedorismo, teremos a seguinte definição: "Empreendedorismo é a disposição para identificar problemas e oportunidades e investir recursos e competências na criação de um negócio, projeto ou movimento que seja capaz de alavancar mudanças e gerar um impacto positivo.

Empreendedores são pessoas que questionam a realidade e têm sonhos, visão do futuro e disposição de mudar e fazer mais e melhor e para enfrentar obstáculos.

Embora cada empreendedor seja uma pessoa diferente, ao decidir enfrentar essa missão há algumas características que todo empreendedor precisa observar:

• **Objetivo principal definido** - escolha um ramo do qual goste. O empresário precisa ter paixão pelo que faz e ser feliz no dia a dia da empresa, afinal, a maior parte do tempo será dedicada a ela. O empreendedor precisa olhar à frente, ter clareza de onde quer chegar. Ele precisa ter objetivos e metas claras e não enxergar o negócio apenas como ganha-pão.

• **Confiança e otimismo** - o empreendedor precisa acreditar em si mesmo, em seu talento, em suas opiniões e sempre ver e esperar o melhor. Precisa acreditar nas suas habilidades, na sua criatividade para contornar obstáculos.

- **Coragem para aceitar riscos** - empreender é uma atividade de risco. Por isso, é preciso sempre se planejar e calcular cada passo da empresa, para minimizar as chances de fracasso. É preciso coragem para assumir riscos e enfrentar as dificuldades.
- **Ser transparente** - a credibilidade de uma empresa se constrói com honestidade e transparência. Prometer apenas o que pode ser cumprido.
- **Ter um diferencial** - manter-se sempre atualizado no seu ramo de atividade, manter sua equipe de trabalho sempre treinada e motivada. Atender bem o cliente, oferecer produtos de qualidade e adequados com a sua necessidade são pontos que fazem um cliente se tornar fiel ao seu negócio.
- **Conhecimento especializado** - conhecimento só é poder com informação organizada de forma a ser colocada em prática, visando atingir determinado objetivo.
- **Planejamento** - todo o trabalho de uma empresa, grande ou pequena, deve ser planejado, com metas revisadas e atualizadas, para que possam ser executadas.

Partindo desses princípios, em 1994, depois de ter trabalhado durante 27 anos no Banespa, me aposentado como gerente da Divisão de Acionistas da Administração Geral do banco, tive a ideia de enfrentar o desafio de criar meu negócio próprio; a atividade que me despertou maior atenção foi o ramo de seguros, até por estar relacionada com o trabalho que havia exercido até então.

O primeiro passo foi me qualificar para essa atividade e me matriculei na Funenseg - Escola Nacional de Seguros, curso de habilitação de corretores de seguros e registro na Susep - Superintendência de Seguros Privados.

No final de 1994, já habilitado como corretor de seguros em todos os ramos, convidei o meu filho Ricardo, que na época trabalhava em outro ramo de negócios, para sócio e abrimos uma corretora de seguros.

Em janeiro de 1995, fundamos na cidade de Ribeirão Pires (São Paulo) a Régia Corretora de Seguros, com dois sócios e uma secretária. Fizemos cadastro nas principais seguradoras do mercado e iniciamos as nossas atividades.

Ao iniciar as atividades, a Régia estabeleceu como missão atender seus clientes na contratação de seguros, orientando e assessorando-os de forma transparente para a adequada proteção e cobertura dos seus riscos pessoais e patrimoniais e ter o compromisso de prestar atendimento personalizado, de compreender as necessidades de seus clientes com serviços de qualidade, observando as normas técnicas em vigor.

O início foi muito difícil, pois já havia outras corretoras na cidade e tínhamos de prospectar e conquistar novos clientes. Nessa oportunidade o *networking* nos ajudou muito, mesmo sem saber o que era *networking* construímos uma rede de relacionamento e a propaganda boca a boca foi vital para a consolidação da nossa corretora. Naquela oportunidade não contávamos com a *internet* e os cálculos de seguros eram feitos todos manualmente.

No decorrer dos anos continuamos crescendo e em 2008 adquirimos uma corretora de seguros, concorrente de destaque na região, ampliando de forma substancial a nossa carteira de clientes.

Em 2011, a Régia foi credenciada como Autoridade de Registro de Certificação Digital, título concedido pelo Instituto Nacional de Tecnologia da Informação (ITI), órgão ligado à Presidência da República, ampliando assim as atividades da corretora. Para manter esse credenciamento, a corretora passa por auditoria externa anualmente desde 2011 por exigência do ITI, e a última realizada pela Ernst & Young Auditores Independentes foi aprovada com 100% de conformidade.

Nesses 21 anos de atividade a corretora vem mantendo crescimento anualmente, acompanhando as tendências do mercado, investindo em novas tecnologias, no treinamento e aperfeiçoamento da equipe de trabalho, visando sempre o melhor atendimento aos nossos clientes.

A Régia Corretora de Seguros conta com três sócios, todos com habilitação plena na Susep, para operar em todos os ramos de seguros e com habilitação no ITI para atuar como Autoridade de Registro para emissão de Certificado Digital.

Seus sócios participam de eventos, congressos e conferências ligados ao mercado de seguros, como o Clube dos Corretores de Seguros, Sindicato dos Corretores de Seguros do Estado de São Paulo, Associação Comercial, mantendo-se sempre atualizados e relacionados com as atividades da empresa.

Conclusão

Como vimos, *networking* e empreendedorismo são termos bastante relacionados no mundo dos negócios. As empresas, independentemente de serem grandes ou pequenas, para ter sucesso necessitam construir uma rede de relacionamento com fornecedores, clientes e com a equipe de trabalho.

Empreendedorismo está relacionado com pessoas que por terem uma ideia, um sonho ou por necessidade decidem criar o seu próprio negócio. Conforme a experiência que temos, para realização dessa ideia ou desse sonho é importante que o empreendedor tenha visão clara do negócio em que pretende empreender e estabeleça estratégia comercial que permita o seu desenvolvimento e crescimento.

Referência bibliográfica
A Estratégia do Oceano Azul - W.Chan Kim - Renée Mauborgne
Marketing 3.0 - Philip Kotler, Hermawn Kartajaya, Iwan Setiawan Att. Cardoso

Networking & Empreendedorismo

Networking Digital

Lílian Juzumas

Lílian Juzumas

Designer por formação, sempre gostou de ilustração e artes gráficas (inspirada pelo pai) e tudo o que é bonito de se ver. Passou por algumas agências, já deu aula de computação gráfica e atualmente está à frente da Design Effects, onde combina *design* e artesanato para abrilhantar festas e eventos sociais e corporativos.
É apaixonada por moto, natureza, viagens, chocolate e o bom e velho *rock'n'roll*. Faz do *networking* uma estratégia de vida, interligando pessoas e tornando o planeta um lugar cada vez melhor de se viver.

(11) 94511-3864
lilijz@gmail.com
www.designeffects.com.br

"Tu te tornas eternamente responsável por aquilo que postas."

O mundo já não é mais o mesmo

Depois da Revolução Industrial, arrisco dizer que estamos vivendo a maior revolução de todos os tempos: a Revolução Digital. Parece que foi ontem que eu ficava vidrada no rádio para gravar, em fita k7, a minha música preferida (a qual eu mal sabia o nome), ou recebia e enviava recados para a minha mãe por meio de um *pager*. Sem falar naquele inesquecível LP dos Menudos que ganhei da minha avó materna, e que só faltou furar de tanto ouvir. Bons tempos!

Porém, o avanço tecnológico e a *internet* trouxeram um novo panorama para o mundo em todos os seus âmbitos. Hoje podemos baixar músicas em equipamentos cada vez menores e um *app* (aplicativo para celular) capta e mostra, em um ou dois segundos, o nome da música, artista, álbum e outras pessoas que também descobriram aquela música; podemos ler livros inteiros sem tocar em uma única folha de papel; podemos nos comunicar com pessoas em qualquer parte do mundo e em qualquer idioma; podemos formar uma família pela *internet*; podemos aprender sobre todos os assuntos imagináveis em diversos tipos de *sites*, *blogs*, *vlogs*, vídeos, *podcasts* etc. Temos disponíveis muitos aplicativos que nos permitem pedir comida, chamar um táxi, aprender um novo idioma, contar passos e batimentos cardíacos, organizar o guarda-roupa, e até pegar os filhos na escola sem formar aquela terrível fila de carros, entre tantos outros que vieram pra transformar a maneira como nos relacionamos com o mundo. E o âmbito profissional não poderia ficar de fora.

Hoje, não consigo elencar as inúmeras facilidades - e perigos - que a *internet* trouxe para a minha vida pessoal e profissional. E acredito que muitos de vocês também não consigam, afinal, entre estes dois âmbitos existe uma linha muito tênue. Quem é dono do próprio negócio sente isso na pele. Em um determinado ponto do negócio, o nome da empresa passa a ser seu sobrenome. Por exemplo, o Décio Freitas passou a ser conhecido como o Décio do BNI e a Caroline como a Carol da Primolar.

E neste mesmo sentido é importante termos a consciência de que não é possível separar o mundo físico do mundo digital. O que somos deve ser refletido em todos os meios nos quais nos apresentamos, desde o registro da empresa nos órgãos competentes até o tratamento do pós-venda de seus produtos e serviços, passando por um simples atendimento telefônico, a entrega de um cartão de visita, o empenho da equipe de funcionários, um vídeo institucional ou uma postagem nas redes sociais.

Os negócios já não são mais os mesmos

Segundo Gil Giardelli, no livro "Você é o que Você Compartilha", as redes sociais têm um enorme poder formador de opinião, uma vez que as pessoas já não são aqueles seres pacíficos que apenas recebem um bombardeio de informações dia a dia em frente da TV, ou lendo revistas ou jornais. A mão única na comunicação já não surte o mesmo efeito. A *internet* permite que todos possam ser criadores de conteúdos e manifestar seus anseios e opiniões sobre tudo e todos de uma forma simples, barata e imediata. A *web* é construída de uma forma social e colaborativa e vem mudando o estilo de vida das pessoas e, consequentemente, da forma como elas consomem produtos e serviços.

Ainda, segundo o mesmo autor, pesquisas e enquetes mostram que mais da metade dos consumidores nas redes sociais já interagiram com marcas nesses ambientes e 92% das pessoas confiam em recomendações dos amigos e não mais em propaganda.

Com base nesse panorama, as empresas estão mudando seus comportamentos e ações para os meios digitais. Existe um intenso monitoramento das redes, *blogs*, fóruns, *chats* etc., com foco no que está sendo falado sobre suas marcas. Essas informações são analisadas e servem de base para a criação de estratégias voltadas para o afinamento de relacionamento com esses geradores de opiniões. O objetivo não é vender a eles, mas sim trazê-los como aliados, torná-los fãs da marca. E, então, criar novas oportunidades de negócios.

Dicas essenciais de *Networking* Digital

Meu objetivo aqui não é entregar uma fórmula mágica com a solução para todos os problemas digitais da empresa, mesmo porque isso não existe. O que existe é a relação entre conhecimento e comportamento, que conduzirá você e a sua empresa em direção ao sucesso *online* e *offline*, ou seja, nos meios digitais e no meio físico como um todo.

Sendo assim, selecionei algumas dicas essenciais para motivar as suas ações de uma forma assertiva para o desenvolvimento do seu *Networking* Digital.

Cuide da personalidade visual da sua empresa

Pense nas empresas com as quais você se relaciona: o fabricante do seu carro, empresas das quais você compra sua comida, suas roupas, os prestadores de serviços (a TV a cabo, a operadora do celular, a empresa que fornece energia para a sua casa e empresa), entre tantos outros. Repare como em todas essas situações você imaginou pessoas, lugares, ambientes, objetos, símbolos, cores, marcas. Segundo Gilberto Strunck, "o ser humano pensa visualmente. Tudo o que vemos nos comunica alguma coisa. Um enorme e complexo universo de detalhes se combina para trazer-nos informações processadas instantaneamente por nossos cérebros. E se tratando de comunicação, somos cada vez mais uma civilização visual".

Nesse sentido, para a empresa aparecer nas redes sociais é imprescindível ter uma identidade visual sólida, que represente os valores e a missão da empresa, que transmita confiança e idoneidade em qualquer meio no qual ela apareça, principalmente nos meios digitais. Pense que o logotipo, o *folder*, o cartão de visita, o *site*, o *e-mail marketing*, o *post*, as cores, os textos são os elementos que levam a sua empresa para o mundo, desde o seu vizinho até uma multinacional do outro lado do mundo. O que você quer que as pessoas pensem ao ver sua marca ou sua loja virtual? Investir em um profissional capacitado para a criação de uma identidade visual consistente, principalmente no início do negócio, é a melhor maneira de criar uma imagem forte e confiável da sua empresa por todos os meios nos quais ela figure. #dicadalilika

Organize digitalmente seus contatos

Já se foi o tempo das agendas e índices telefônicos de papel. Quando o assunto é *networking*, sua rede de contatos deve estar bem organizada e totalmente acessível 24 horas por dia, pois a qualquer momento, não importa o lugar em que você esteja, pode ser necessário acessar alguma informação sobre alguém ou enviar um contato. E isso é possível mantendo sua agenda de contatos em um sistema *online*. Normalmente isso é feito no seu celular, mas o ideal é que seja feito no seu *e-mail* e sincronizado com o seu celular e todos os outros aparelhos, pois, se o celular for roubado, quebrado, afogado, enfim, inutilizado, sua rede está salva nas nuvens e sempre poderá ser restaurada em um novo aparelho.

Inclusive, a partir de agora, encare sua rede de contatos como um banco de dados. Procure manter o máximo de informações sobre cada contato que você possui. Além dos dados básicos, como nome, endereço, telefone e *e-mail*, procure um campo para inserir observações livres e acrescente ali referências sobre onde e quando você conheceu aquela pessoa, a data do aniversário, parentescos, *hobbies* etc. Essas informações podem ser relevantes para lembrar da pessoa (quando for algum contato menos frequente), bem como para iniciar uma conversa e fazer a manutenção do relacionamento. #dicadalilika

Uma rede de contatos com excelência possui inclusive você como contato, com seus dados completos, dados da empresa, telefones, endereços, site, redes sociais etc. Assim você pode enviar o seu contato digitalmente quando necessário, como um cartão de visita.

Além de incrementar bem cada contato com suas informações, a maioria dos sistemas oferece um recurso simples de agrupar contatos. Com isso, você pode ter mais facilidade na hora de enviar *e-mails*, de encontrar contatos por interesse, ou alguma característica em comum e até motivos para colocar pessoas da sua rede em contato umas com as outras.

Habitue-se a manter seu banco de dados de contatos organizado e atualizado, acrescentando e alterando informações sempre que necessário.

Aproveite o melhor das redes sociais

Segundo Gil Giardelli, "a questão sobre se as empresas devem ou não entrar nas redes sociais equivale à discussão sobre se elas deveriam ter telefone na mesa de cada colaborador na década de 70, *fax* na década de 80 e *e-mail* da década de 90. Não participar das redes sociais é perder competitividade, potencial criativo e inserção no século XXI".

E sendo "rede" a essência do *networking*, é possível usufruir das redes sociais como uma poderosa ferramenta para trabalhar a sua rede de pessoas e empresas. E vou além: elas devem ser utilizadas para cultivar e manter fãs para a sua marca. O foco ali não é a venda direta - ela será uma consequência -, o grande pulo do gato é desenvolver relacionamentos. #dicadalilika

A seguir, apresento uma série de dicas para inspirar seus comportamentos digitais em prol do seu *Networking* Digital.

Esteja preparado...

• **Tenha um planejamento.** Não faça as coisas aleatoriamente nas redes sociais. Apesar de a *internet* ter chegado a nós em meados dos anos 90, já existem pessoas e empresas altamente qualificadas para atuar nela. Recomendo fortemente a contratação de profissionais especializados em *internet* ou *marketing* digital que saberão exatamente como e quando agir, o que fazer e onde investir, garantindo a melhor atuação e reputação digital da empresa.

• **Divida as tarefas.** Além de ter uma identidade visual sólida, procure preparar a equipe para a nova realidade digital da empresa. Nomeie pessoas capacitadas para monitorar as redes e responder pela empresa, pois muitas demandas surgirão por ali. As pessoas consideram as redes sociais um atalho e oportunidade de contato rápido e direto com as empresas, então é bom estar preparado para esse atendimento.

Entenda que cada rede social tem seu foco. É preciso saber escolher e se comportar de maneira pertinente em cada uma delas, cuidando desde a linguagem a ser utilizada até os comentários que você fará ao interagir com outras pessoas/empresas. Destaco três redes sociais que estão em alta atualmente (com a velocidade da *internet*, talvez essas redes não sejam tão relevantes quando você estiver lendo este livro):

• **Facebook** (www.facebook.com): a rede social mais popular atualmente. O foco não é profissional mas, segundo Mônica Lobenschuss, especialista em *Marketing* Digital e fundadora da Social Lounge, "é importante para o empresário usar esse canal de forma pessoal, para manter o seu perfil atualizado, de preferência com fotos e informações que agreguem valor ao seu caráter empreendedor. Assim, as suas ações confirmarão que você é um profissional de credibilidade e sucesso e isso ajudará nos seus negócios". E complementa: "Aproveite para compartilhar também no seu perfil pessoal alguns *posts* estratégicos da empresa. Dessa forma, os seus contatos verão a evolução dos seus negócios e você ainda poderá trazer mais audiência para a sua companhia".

- **LinkedIn** (www.linkedin.com): rede social totalmente profissional, com foco em desenvolvimento empresarial e de *networking*. Aqui o empresário tem a possibilidade de acessar o perfil de gerentes, diretores e até presidentes de todos os tipos de corporações, e conseguir uma conexão com eles pode representar um atalho para o fechamento de um grande negócio. Utilize a técnica do "ser apresentado" a alguém em vez de sair adicionando tudo e todos. Capriche no seu perfil e mantenha-o atualizado, participe de grupos de interesse e aproveite as comunidades específicas para criar conteúdos relevantes, incrementando a sua credibilidade e aumentando o seu *know-how* perante sua rede de contatos.

- **YouTube** (www.youtube.com): o YouTube é um dos fenômenos da atualidade, de onde nasceram novas profissões e novas formas de fazer negócios. O empresário tem a possibilidade de utilizá-la das mais variadas formas, desde vídeos institucionais até cursos e treinamentos. Existem algumas facilidades mas, outra vez, recomendo a contratação de profissionais qualificados para criar materiais profissionais de acordo com a identidade e os objetivos da empresa.

Seja eficiente e relevante...

- **Ao entrar para uma rede social, seja ativo e participativo.** É preferível não estar do que estar e não atuar. Um perfil abandonado demonstra desleixo e pode prejudicar a sua credibilidade e a da empresa. Visite o seu perfil e o perfil da empresa periodicamente, visualize-o como outra pessoa (a maioria das redes possuem esse recurso), interaja com seu público e parceiros, faça comentários relevantes, faça depoimentos, ajude e conecte pessoas e empresas, gere conteúdo, enfim, seja presente.

- **Mantenha seus perfis atualizados.** Acrescente novos cursos, habilidades, datas importantes, novas parcerias etc. Cada atualização é mais uma oportunidade para você ser conhecido e lembrado.

- **Atente-se aos detalhes.** Muitas vezes, é o que faz a diferença e te diferencia de homônimos e da concorrência.

- **Separe os perfis pessoal e profissional.** A maioria das redes sociais já está preparada para fazer essa distinção, possibilitando a criação de perfis pessoais e profissionais/empresariais separadamente. Cabe a você utilizá-los adequadamente, publicando os conteúdos certos e atuando conforme o perfil de cada rede.

- **Prefira ter uma rede de qualidade.** Faça contato com todas as pessoas que você adicionar às suas redes, em vez de colecionar nomes para ter uma quantidade e parecer uma pessoa influente.

- **"Em terras da *internet*, quem produz conteúdo de qualidade é rei."** Existe uma premissa que tem muita coisa ruim na *internet*. Portanto, identifique no que você é bom e se diferencie pela qualidade dos seus conteúdos, atraindo e engajando seu público de modo a tornar-se referência naquele assunto.

- **Considere a versão paga.** Principalmente das redes profissionais, pois essas versões possuem recursos interessantes para otimizar o seu processo de *networking*.

- **Faça periodicamente buscas no Google com o seu nome ou nome da empresa e explore os resultados.** Às vezes uma informação antiga ainda persiste em algum lugar, ou algum dado pessoal está sendo exposto, ou até alguma informação está vinculando a empresa a algo negativo.

Sendo assim...

Bruno Capelas, em seu artigo para o site do Estadão, fala sobre a Teoria dos Seis Graus de Separação, que diz que no mundo são necessárias no máximo seis conexões para que duas pessoas quaisquer sejam interligadas. Ou seja, você precisa da boa vontade de apenas seis pessoas pra tomar um café com Barack Obama! O curioso é que, em um estudo publicado recentemente, o Facebook afirma que esse número caiu para nada menos que 3,57 graus de separação – na média.

Com isso, é nítido que a *internet* está tornando o mundo cada vez menor e a velocidade da informação cada vez maior. Com um viés democrático e colaborativo, o meio digital é um meio de menor custo e extremamente atrativo para todos. E, para que os empresários e as empresas consigam tirar o melhor disso, devem estar atentos a essas características e ter comportamentos diferenciados por onde navegam. Todas as suas atitudes devem colaborar para o engajamento das pessoas.

Para finalizar, gostaria de convidar a todos a conhecerem o "Divando nos Negócios" (www.divandonosnegocios.com.br), um *blog* voltado para negócios, *networking* e empreendedorismo, onde consigo desdobrar os assuntos deste livro e muitos outros com mais espaço. O Divando é uma das minhas realizações pessoais e profissionais (impossível separar!), onde consigo contribuir, nem que seja com uma pitadinha, para que as pessoas sejam melhores profissionais e construam cada vez mais relacionamentos duradouros, sempre com muito amor envolvido!

Muito obrigada pela leitura e vejo vocês lá! ;o)

Referências bibliográficas

CAPELAS, Bruno. Facebook derruba teoria dos 'seis graus de separação'. Disponível em: <http://link.estadao.com.br/noticias/cultura-digital,facebook-derruba-teoria-dos-seis--graus-de-separacao,10000048171>. Acessado em: 2 de julho de 2016.

GIARDELLI, Gil. Você é o que você compartilha. São Paulo: Editora Gente, 2012.

LOBENSCHUSS, Mônica. As redes sociais que todo empreendedor deve conhecer. Disponível em: <http://exame.abril.com.br/pme/noticias/quais-as-redes-sociais-que-todo-empreendedor-deve-conhecer>. Acessado em 15 de agosto de 2016.

MINARELLI, José Augusto. Superdicas de *networking* para sua vida pessoal e profissional. 1ª edição. São Paulo: Saraiva, 2010.

RODRIGUES, Anna Carolina. Os Reis do *Networking*. Revista Você S/A, Edição 215. Publicado em junho de 2016. Acessado em 2 de julho de 2016.

STRUNCK, Gilberto Luiz. Identidade visual: a direção do olhar. Rio de Janeiro: Europa Emp. Gráf. Ed., 1989.

Networking & Empreendedorismo

Empreendedorismo e networking feminino

Luciana Panteleiciuc

Luciana Panteleiciuc

Master coach e mentora, escritora e palestrante, Luciana Panteleiciuc possui uma carreira de mais de 30 anos desenvolvendo, gerindo e liderando pessoas. Graduada em Administração de Empresas pela FAAP com especialização em *marketing*, é formada em Coaching pelo Instituto Holos, além de possuir muitas capacitações e vivências na área de desenvolvimento humano como cursos com Anthony Robbins, Extended Disc, Joe Vitale, T. Harv Eker, PNL, entre outros.

Apaixonada por fazer a diferença em prol das mulheres além de agregar a experiência de quase 30 anos no mundo corporativo, desenvolveu recursos emocionais, habilidades e capacidades comportamentais que visam obter resultados extraordinários na vida pessoal e individual das pessoas. Aliada com seu espírito empreendedor, sua experiência trouxe uma nova visão para o Coaching de Liderança Feminina.

Criou uma plataforma de Coaching, um canal no YouTube e está em todas as mídias sociais compartilhando experiências e ferramentas para uma vida mais plena e feliz. Consultora Organizacional, também é sócia-diretora da Binah Coaching, consultoria de desenvolvimento humano e *marketing*.

Atua em organizações e projetos sociais de educação e empoderamento feminino.

(11) 99558-1055
coachlupante@gmail.com
www.coachlupante.com

As mulheres estão buscando cada vez mais alternativas para novos modelos de empreendedorismo e *networking*. Como disse Matthew Arnold, um poeta do século XIX que acreditava que as mulheres podiam mudar o mundo: "No dia em que as mulheres do mundo inteiro se unirem simples e unicamente pelo intuito de beneficiar a humanidade, essa força terá um poder e uma magnitude que o mundo jamais conheceu".

Existem bases biológicas dos talentos naturais de liderança das mulheres, incluindo traços de personalidade, estilos de pensamento e sentimento, valores, motivações, experiências de infância e meio cultural.

A mulher é firme, mas sem deixar de ser compreensiva com seu ambiente de trabalho e concentra características únicas de liderança: é boa em tomar decisões, competitiva, inteligente, tem uma forte intuição e é multitarefas.

Vamos examinar alguns talentos que as mulheres expressam que ajudam no caminho rumo ao empreendedorismo e à liderança:

Eficácia: esse talento não é exclusivo das mulheres, é claro, mas as mulheres exibem-no mais regularmente do que os homens.

Pensamento de rede: as mulheres tendem a pensar de forma integrada, com mais detalhes, mais rápido e organizam esses *bits* de dados em padrões mais complexos. Quando tomam decisões, as mulheres tendem a levar mais variáveis em consideração, consideram mais opções, e enxergam uma gama de possíveis soluções para um problema. As mulheres tendem a generalizar, para sintetizar, para ter uma perspectiva mais ampla, mais holística, mais contextual de qualquer problema.

Em um estudo das empresas Fortune 500, os executivos seniores foram solicitados a descrever a contribuição empresarial das mulheres e o seu consenso foi: capacidade de avaliar vários cenários complexos e traçar um planejamento de longo prazo, capacidade de sintetizar vários pontos de vista, ser menos convencional, pensar em rede e liderança natural. De acordo com os cientistas sociais e analistas de negócios, as mulheres são mais capazes de tolerar a ambiguidade, uma característica que provavelmente deriva de sua capacidade de manter várias coisas ao mesmo tempo em mente. E, se tivéssemos que resumir o ambiente empresarial moderno em uma palavra, seria "ambíguo". As mulheres são bem dotadas para este clima de negócios indefinido.

As mulheres tendem a pensar em longo prazo de forma mais regular, enquanto os homens são mais propensos a se concentrar no aqui e agora. A neurociência diz que há provavelmente um componente biológico para abordagem de longo prazo das mulheres. Mulheres e homens exibem algumas diferenças na estrutura destas regiões do cérebro. Essa faculdade predispõe as mulheres a ver questões de negócios a partir de uma perspectiva de um elemento essencial, a liderança. A arquitetura do cérebro das mulheres promove mais flexibilidade mental. Esta é uma característica essencial da liderança e o empreendedorismo em nossa economia global dinâmica.

A capacidade de gerar novas ideias é o produto da saúde e flexibilidade mental das mulheres, bem como ainda outro aspecto do pensamento feminino: a imaginação. E como ela funciona é a capacidade de penetrar nas profundezas do conhecimento armazenado, montar blocos de dados de novas maneiras, examinar estas combinações inumeráveis, e propor novos arranjos.

Outra forte habilidade feminina é a articulação verbal e a excepcional capacidade de achar a palavra certa e rapidamente trazer soluções à tona. Isso se desenvolve logo na primeira infância, meninas falam mais cedo, compõem frases mais longas e construções gramaticais mais complexas. As aptidões verbais das mulheres estão associadas a diferenças no cérebro, bem como ao hormônio feminino, o estrogênio. Palavras ainda influenciam mentes e corações. E quando as mulheres líderes contemporâneas têm a oportunidade de expressar suas "vozes" no local de trabalho, o seu poder tende a aumentar.

As mulheres têm o que os cientistas chamam de "habilidades sociais executivas", a capacidade mais aguçada de captar nuances de postura e gesto, ler emoções complexas nos rostos, e ouvir pequenas mudanças no tom de voz. As mulheres, em média, têm um melhor sentido do paladar, tato, olfato e audição. Elas vêm melhor no escuro, tem uma melhor visão periférica, e lembram-se mais de objetos na sala ou paisagem. Com estas habilidades, as mulheres são capazes de ler mentes. Na verdade, várias dessas "habilidades com pessoas" estão associados com o hormônio feminino, o estrogênio.

Além das habilidades sociais executivas, as mulheres são notáveis em criar redes de colaboração, empatia, inclusão e compartilhamento. Hoje, esses traços são contribuições muito valiosas para o ambiente de negócios contemporâneo e um bom *networking*.

Mas isso não é sugerir que as mulheres vão liderar o mundo. Muitos homens têm estas características em um grau considerável. Além disso, os homens têm uma série de outras habilidades que os tornam líderes naturais também. Os homens são, em média, melhores em habilidades espaciais e engenharia, associadas à testosterona.

Homens e mulheres são como dois pés, eles precisam um do outro para caminhar e o mundo já percebeu que pode lucrar muito com as competências das mulheres. Na verdade, o mundo dos negócios começou a sentir o impacto da capacidade de liderança das mulheres. Como as mulheres educadas se tornam influentes em todo o mundo, elas estão espalhando seu gosto pela cooperação, flexibilidade, compaixão, paciência, trabalho em equipe, e uma perspectiva mais ampla para o ambiente corporativo.

A diretora emérita da consultoria McKinsey Joanna Barsh, com experiência de vários anos no mundo corporativo e outros tantos pesquisando o comportamento e características de mulheres notáveis, afirma que as mulheres precisam se valorizar mais e potencializar seus talentos e não focar em suas fraquezas. Ela comenta que muitas mulheres se acham menos importantes e competentes do que realmente são, diferentemente dos homens. Precisam deixar de ser tão autocríticas e perceberem o grande poder de mudança que têm.

Para Joanna, as mulheres precisam, em primeiro lugar, entender quem são, o que querem, aonde querem chegar e não desistir diante das dificuldades – que são muitas, sim! Ela aponta algumas capacidades a serem desenvolvidas para as mulheres se tornarem Líderes Notáveis. Entre elas está a capacidade de olhar para si de fora, como se você estivesse em um filme. Só assim, diz ela, seremos capazes de nos enxergar e definir um plano de ação.

O segundo é a conexão, ou seja, a habilidade de criar relacionamentos e estabelecer vínculos de confiança com sua equipe.

O terceiro é engajamento, construído através de confidencialidade. "Mostre para as pessoas quais são os desafios e oportunidades, balanceie risco com esperança e mostre aonde você quer chegar para que elas te acompanhem", diz.

A quarta é energização com positividade, a base de toda ação é a motivação.

Por fim, a última capacidade que Líderes Notáveis devem desenvolver é sua habilidade de identificar significados no que fazem.

"Liderança começa com a gente mesma. Depois de desenvolver suas capacidades, as mulheres conseguem espalhar essa energia e confiança aos outros a sua volta e, o mais importante, conseguem mudar o sistema", finaliza.

Ao contrário dos homens, as mulheres precisam estar atentas à questão da baixa confiança no mundo profissional. A mulher é muito focada em ser competente no trabalho, no ambiente familiar e pessoalmente. O perfeccionismo as impede muitas vezes de seguir adiante, por exemplo, diante de uma descrição de vaga de empresa, diferentemente dos homens, as mulheres subestimam suas habilidades e acham que seriam uma fraude se conseguissem o cargo. Mas os líderes e empreendedores mais bem-sucedidos são pessoas autoconfiantes. A confiança é uma habilidade fundamental para tomar decisões, correr riscos e pedir ajuda, qualidade fundamental para manter uma boa rede de contatos.

A boa notícia é que a autoconfiança pode e deve ser construída através de sair todos os dias um pouco da zona de conforto. Uma pequena ação por dia é um tijolo na construção da autoconfiança.

Outra forma é assumir mais riscos. A vida é puro risco. Do momento que nascemos até hoje, levantar da cama e sair na rua é um tremendo risco. Claro que não devemos pensar assim. Mas essa é a pura verdade. A vida é tão arriscada que você não vai sair daqui vivo e isso parece, mas não é, uma piada. Então melhor parar de se preocupar com o que os outros pensam e "se jogar" naquele novo projeto e permitir-se aprender novas habilidades, conhecer pessoas e lugares. Quem não assume riscos não vive. Coloque mais aventura na sua vida, isso vai ajudar a construir sua autoconfiança.

A terceira dica é se elogiar mais. As mulheres têm uma tendência natural de se colocar para baixo e mesmo mulheres bem-sucedidas muitas vezes não dão o merecido crédito a suas realizações. A famosa expressão "Eu estava no lugar certo na hora certa", que muitas usam para mostrarem-se humildes e não arrogantes, esconde, na verdade, uma subvalorização de méritos próprios. Quanto mais nos elogiamos, mais encontramos qualidades, habilidades e talentos naturais em nós. Sugiro dividir uma folha de sulfite em três colunas e escrever no topo de cada coluna: "coisas que já conquistei na vida"; "meus talentos naturais" (se for difícil, você pode pedir ajuda para as pessoas que te amam); "habilidades que desenvolvi ao longo da minha vida" (por exemplo, falar Inglês). A ideia é ler esse papel todos os dias mudando o olhar com relação a nós mesmos e trazendo à tona razões para se elogiar.

A quarta dica é se dar mais créditos. As mulheres gostam de usar termos do tipo "eu tive sorte", "estava no lugar certo na hora certa". Por isso a lista da terceira dica é tão valiosa. Com ela é fácil assumir os créditos pelas suas conquistas.

As mulheres tendem a se comunicar de forma mais eficaz do que os homens, com foco em como criar uma solução que funcione para o grupo, falando através de questões, e utilizando sinais não verbais, como o tom, emoção e empatia, enquanto os homens tendem a ser mais orientados para a tarefa, menos falantes, e mais isolados. Porém, toda esta complexidade mental faz as mulheres pensarem demais. Quando apresentado um desafio, as mulheres tendem a remoer suposições imaginárias que raras vezes se concretizam, mas causam muito *stress* e preocupação, prejudicando a ação.

Então, a quinta dica é agir mais e pensar menos. Usar a sofisticação mental para focar e trazer soluções melhores e não remoer sobre os problemas. Agir é um ingrediente fundamental na construção da autoconfiança.

As mulheres precisam começar a assumir seu papel de protagonistas em diretorias de empresas ou na cena política, por exemplo, e deixar de achar que precisam se encaixar dentro de perfis. Mulheres são, muitas vezes, colocadas em 'caixinhas' pelas próprias mulheres e não por homens. Ser autêntica e ousada é fundamental, além é claro da experiência e habilidades.

Há 20 anos mulheres vêm se sobressaindo no mercado de trabalho. Cada vez é mais comum vê-las ocupando cargos de chefia em grandes empresas, na política e na sociedade em geral. No entanto, as oportunidades ainda são restritas e o desafio é grande. É essencial que uma mulher se apresente com força nos espaços públicos, dê opiniões e mostre suas ideias.

Deixar de agir por medo de errar nunca é uma boa estratégia. O fracasso muitas vezes pode ser a alavanca do sucesso.

Referências bibliográficas

Mulheres no Poder - Os cinco passos para ter sucesso na vida profissional e pessoal. Joanna Barsh e Susie Cranston

Faça Acontecer - Mulheres, Trabalho e a Vontade de Liderar. Sheryl Sandberg

A Arte da Autoconfiança - Os segredos que toda mulher precisa conhecer para agir com convicção. Katty Kay e Claire Shipman

Networking & Empreendedorismo

Networking eficaz e empreendedorismo com criatividade

Marli Arruda

Marli Arruda

Psicóloga, *master coach* e palestrante com temas comportamentais, atua há mais de 20 anos com assessoria empresarial em gestão de pessoas, desenvolvendo projetos e implantando novas diretrizes de trabalho. Iniciou sua carreira na empresa Shell Brasil S.A., após formada em Psicologia tornou-se consultora de negócios, aliando conhecimento de gestão corporativa com desenvolvimento de pessoas.
Escreve artigos sobre comportamento para algumas revistas com foco em gestão de pessoas, é coautora do livro "Os segredos do sucesso pessoal e profissional – *marketing* aplicado aos relacionamentos", da editora Ser Mais.
É a coordenadora editorial desta obra e membro do BNI (Business Network International). Participa como entrevistada da rádio *web* Everest FM no quadro "Psicologia mais perto".

(11) 99542-1054
marli@marliarruda.com
www.marliarruda.com

Networking & Empreendedorismo

"Networking – uma prática necessária no mundo corporativo."
Marli Arruda

Usamos este termo inglês que significa "rede de trabalho" para expressar a importância dos relacionamentos interpessoais nas empresas e por nossa vida profissional. Ninguém tem todo o conhecimento, ninguém chega ao topo da carreira sem ter recebido ajuda, apoio de outra pessoa, isso mostra que somos necessários uns para os outros.

Nessa entoada, caro leitor, quero expressar meu pensamento sobre este assunto tão importante e que poucas pessoas utilizam esta prática com destreza. Já aconteceu com você de uma pessoa te procurar somente porque estava precisando de algo? Isto se chama *notworking* (não trabalho), ou seja, uma pessoa que não percebeu que os relacionamentos se constroem a cada dia, numa atitude, postura e trocas.

O mundo dos negócios é dinâmico e ao mesmo tempo exigente, existe um padrão de comportamento esperado, ou seja, pessoas articuladas, que se conectam umas às outras, que veem oportunidades e sabem colocar em prática suas ideias e habilidades através de seus contatos.

Antes de ser um empreendedor de sucesso, faz-se necessária a prática do *networking* eficaz. Mas o que é *networking* eficaz? Não procure as pessoas somente quando precisa, aprenda a ouvir e saiba interagir com seu interlocutor, seja eclético em seus assuntos, informe-se de notícias da atualidade, sempre chame as pessoas pelos seus respectivos nomes, sempre que possível estabeleça algum tipo de contato com pessoas que você queira manter no círculo de suas amizades.

Pratique autoconhecimento constantemente, pois conhecerá seus pontos fortes e pontos a serem trabalhados para que você cultive relacionamentos duradouros. Exemplo: se você é uma pessoa autêntica, pode proferir palavras na hora errada, de forma errada para a pessoa errada, e depois para "consertar" será muito mais difícil, entre outras atitudes que podem pôr à prova todo seu conhecimento técnico. Seu autocontrole precisa ser seu parceiro para ajudá-lo em diversas situações enfrentadas nos relacionamentos comerciais.

Prezado leitor, a mensagem que quero lhe transferir é que *networking* eficaz vai além da troca de cartões de visita. É um conjunto de habilidades e atitudes que precisam ser praticadas constantemente, pois, para um empreendedor ou profissional ser bem-sucedido no que faz, primeiro é preciso haver frutíferos relacionamentos, para prospectar novas oportunidades de negócios, delegar tarefas, e estabelecer harmonia no ambiente de trabalho, o que gera pessoas mais produtivas, além de novas chances de emprego.

> "Não é o mais forte que sobrevive, nem o mais inteligente, mas o que melhor se adapta às mudanças." Charles Darwin

Empreendedorismo & Criatividade = CriaR Natividade

Caro leitor, quero neste capítulo abordar o assunto *Networking* e Empreendedorismo sob a ótica de minhas observações do cotidiano.

Estes temas são cenários de muitos eventos, livros e aulas em diversas universidades e de instituições de grande renome.

Estudos sobre o assunto, *cases* de sucesso, entre outras vias de informações, para que possamos conhecer e aplicar estes conceitos em nossa vida profissional.

Como uma estudiosa do comportamento humano, e curiosa por natureza, gosto de observar os momentos, digamos os bastidores, pessoas comuns que desenvolvem o espírito empreendedor em suas atividades.

Como consultora e palestrante, ando muito pelas ruas de São Paulo, visitando as empresas, e acho o trânsito um lugar oportuno de observação, bem como lugares rotineiros que frequento.

Quero compartilhar três situações que a meu ver são inusitadas e que me fizeram aprender mais ainda o que é empatia, para isso não precisei sentar em algum banco de curso ou ler algo sobre empreendedorismo, vou relatar o que aprendi na rua:

Certa feita, num trânsito caótico da cidade de São Paulo, um sol muito forte do meio dia, avenida do Estado, tudo parado, eu avisto um rapaz muito bem trajado, calça social e camisa, sapato social, vendendo carregador de celulares. Não me contive, desci o vidro do carro, que estava com o confortável ar condicionado ligado, e perguntei àquele rapaz que me surpreendia: "Por que você está vestido assim? aqui e para vender carregador de celular?", e ele me respondeu: "Porque eu vendo mais, você mesma desceu o vidro do carro para falar comigo". Eu fiquei atônita com aquela resposta, porque ele falou uma grande verdade, se aquele rapaz estivesse de bermuda, camiseta, com barba para fazer, e de chinelo, eu não desceria o vidro para falar com ele, pois ele seria mais um no meio de tantos ambulantes do trânsito.

O que me chamou atenção foi o desprendimento e a criatividade de fazer algo diferente onde todos fazem tudo igual, esse rapaz teve uma ideia de um empreendedor, destacar-se.

No outro dia, no mesmo local aproximadamente no mesmo horário, encontro outro rapaz, vendendo carregador de celulares e chocolates, mais uma vez não me contive e perguntei: "Por que você está vestido assim todo social?", e ele estava inclusive de terno e sapatos mais lustrados dos que os do rapaz do dia anterior. Fazia um calor de 30 graus na cidade. E o ambulante me deu a mesma resposta: "Porque eu vendo mais".

Genial, fiquei pensando, rapazes que não frequentam escolas de empreendedorismo, mas que percebem a necessidade de inovar perante a concorrência. Expliquei que trabalhava com treinamentos comportamentais e pedi para tirar uma foto deles para mostrar em sala de aula, um modelo de empreendedor criativo.

Eis a resposta: "Claro que deixo, te ajudo e você me ajuda, compra um chocolate se queres minha foto". "Ok, feito, eu compro, e agora faça uma pose para a foto (trânsito parado, saí do carro e click, registrei aquela ideia)."

Passado algum tempo, volto para a av. do Estado em São Paulo para visitar outro cliente e de novo a mesma cena, trânsito lento, coincidentemente perto da hora do almoço, caminhoneiros chegando e saindo da cidade, trabalhadores ávidos para se alimentarem.

Quem eu avisto? Outro ambulante, passando entre os carros com um carrinho cheio de salgadinhos e garrafas de água para beber. O horário era oportuno e ele estava ali fazendo seu dinheiro honestamente. Mais adiante, vejo outro ambulante, com o carrinho mais cheio, andava com mais vigor, quando se aproximou do meu carro, o que vejo? Um *banner* em seu carrinho com os seguintes dizeres: "Aceita cartões de débito e crédito", então eu pensei: "Que máximo, olha o que este rapaz pensou, poucas pessoas andam com dinheiro em espécie, hoje em dia, tudo está concentrado em cartão de crédito. E ele também pensou nisso e saiu na frente da concorrência. Trazendo um diferencial para seus clientes passageiros de vários destinos".

Prezado leitor, confesso que atitudes assim me fascinam, pois pessoas arrojadas são as que encaram empreendedorismo com ações simples mas que causam grande impacto e conseguem fazer dinheiro com mais facilidade (uso o termo "fazer dinheiro" e não "ganhar", porque o verbo ganhar subentende que não é necessário fazer esforço).

Muitas pessoas ficam esperando as coisas melhorarem para se arriscarem ou iniciar algo ou fazerem implantações em seus negócios, o fato é que ficar esperando tudo melhorar só faz o potencial empreendedor perder seu tempo, porque sempre haverá algo para aperfeiçoar, corrigir e afins, então faça, comece, não tenha medo. Mas esteja certo de que uma boa dose de observação e criatividade é que te levará para o patamar que você quer alcançar.

Em outro cenário, uma feira livre de um bairro pacato de São Paulo, feirantes disputando seus clientes no grito, quem grita mais alto consegue atrair o "freguês" para sua banca, alguns se arriscam a cantar para chamar mais ainda a atenção.

Deparo-me com uma banca organizada, um feirante que não tinha muito tempo para gritar, pois sua banca estava um pouco mais cheia de fregueses, o mesmo vendia frutas vistosas com boa aparência.

Observei ao seu redor, outras bancas também vendiam frutas e as mesmas, por que aquela banca em especial estaria mais cheia? Talvez porque o preço estivesse mais baixo, bom, me aproximei e vi que o mamão formosa custava três reais, olhei para a banca ao lado e o valor era igual, mas havia uma grande diferença de uma banca para a outra.

O feirante empreendedor criativo precisava destacar-se da concorrência, então o que ele fez? Confeccionou placas informativas sobre os benefícios das frutas para nosso organismo. Pronto, criou uma maneira de atrair os fregueses que preocupados com seu bem-estar e principalmente com sua saúde optam por comprar ali mesmo. E, caro leitor, pasme! O valor era o mesmo e a fruta também.

Percebe então a oportunidade de sair na frente da concorrência observando as tendências e necessidades do seu potencial comprador?

Hoje em minhas palestras e treinamentos sobre *marketing* aplicado aos relacionamentos e empreendedorismo, faço referências a estes empreendedores anônimos com pouca escolaridade e que se mostram observadores das circunstâncias.

Para você, leitor, que tem um leque com várias informações sobre *networking* & empreendedorismo neste livro, é importante que reflita como está atuando em suas atividades, será que está inovando? Observando a concorrência? Para ser um empreendedor que consiga atravessar as adversidades do mercado de trabalho é necessária uma visão apurada dos negócios. Pode ser que esteja num patamar do seu empreendimento ou de sua carreira em que possa achar algumas coisas desnecessárias, mas lembre-se de que nem sempre as coisas acontecem como planejamos, por isso, ficar sempre atualizado será uma grande arma/diferencial para vencer e superar-se.

Considero também relevante a reflexão de que, mesmo na era das redes sociais, os relacionamentos interpessoais sempre serão primordiais para alavancar os negócios, desta forma, nunca despreze sua rede de contatos, o homem sempre valorizará quem o valoriza, esta é a lei de causa e efeito.

Um grande abraço e boa sorte!

Networking & Empreendedorismo

Deixei de ser empregado, virei empresário, e agora?

Regina Lúcia Monteiro Matos

Regina Lúcia Monteiro Matos

Psicóloga pela Universidade Estadual de Londrina, Master Coach, Mentoring & Holomentoring ISOR® - Instituto Holos de Qualidade. Consultora na área de Gestão de Pessoas e Desenvolvimento de Lideranças. Pós-graduada em Recursos Humanos; Comportamento Organizacional e Direito Empresarial. Possui formação em Dinâmica dos Grupos pela SBDG (Sociedade Brasileira de Dinâmica dos Grupos). Vasta experiência como gestora de Recursos Humanos em empresas de portes e segmentos diversificados.

(43) 99994-0705
reginamatos9@gmail.com
www.rmtreinamentos.com

Mudar de lado na mesa, ou virar a própria mesa, implica escolhas que podem impactar vários aspectos de sua vida e o modo de vivê-la a partir de então.

Ao trabalhar em uma organização ocupando qualquer posição hierárquica que seja, existem certas "garantias" financeiras e de status que por muitas vezes acabam colaborando para que você ali permaneça por algum tempo. Este tempo pode durar o suficiente ou para galgar novas posições dentro da própria empresa, ou buscar novas posições no mercado de trabalho, ou então (o que vem ocorrendo com boa parte dos profissionais), partir para o campo do empreendedorismo.

Em qualquer situação que se encontre, além do conhecimento técnico será necessário ter um bom *networking* para que suas chances de ter êxito sejam ampliadas, principalmente se você está planejando criar sua própria empresa.

Mas o que vem a ser *networking*, essa palavra tão usada nos meios profissionais e algumas vezes mal compreendida? *Networking* significa a capacidade de estabelecer uma rede de contatos, relacionamentos. Nessa rede de contatos existe a partilha de serviços e informações entre as pessoas ou grupos que têm interesses em comum. Quanto maior o *networking*, maiores as oportunidades de realizar negócios e fechar parcerias.

Seu *networking* poderá ser ampliado a partir de atitudes simples que irão colaborar sensivelmente para que você e seu negócio sejam evidenciados perante o público-alvo.

Uma das formas de ampliar sua rede de contatos é através dos recursos disponíveis na rede. A criação de um site (existem recursos gratuitos para quem está começando), gravação de vídeos informativos sobre o seu trabalho, participação em debates *online* são maneiras de se evidenciar perante o público. A utilização de recursos como o LinkedIn, Facebook e outras páginas sociais também é válida.

Outro ponto importante é a definição do seu "Nicho de Mercado", pois a partir daí suas ações poderão ser direcionadas de maneira assertiva. Tenha sempre um alvo, desta forma você apresentará ao público informações e serviços que realmente sejam do interesse e assim seu atendimento será de excelência. Não adianta sair atirando para todos os lados, mantenha o foco, caso seja possível, estabeleça parcerias para ampliar o seu raio de ação, mas faça isso somente se tiver segurança e confiar realmente no parceiro para que seu nome não seja comprometido. É melhor começar devagar e com segurança do que se arriscar a voos mais altos logo de cara e se frustrar.

Outra maneira muito eficaz de ampliar seu *networking* é participar de eventos como: feiras, *workshops*, congressos, reuniões de grupos associativos. Nada como o contato presencial para ser conhecido, evidenciado. Nesses tipos de situações sempre há uma maneira de conhecer pessoas que poderão ser o canal para a abertura de uma negociação.

O SEBRAE é um excelente local para buscar apoio no início da carreira empreendedora. Através dele é possível ter acesso a uma série de treinamentos e orientações úteis para que você tenha mais subsídios e segurança para administrar a sua empresa.

A partir do momento em que decidir iniciar sua carreira empreendedora, existem algumas "dicas" que poderão ser úteis para que o seu negócio dê certo e você seja bem-sucedido.

Em primeiro lugar, seja autêntico, prometa apenas o que você está apto a cumprir. Melhor não aceitar a execução de um trabalho para o qual você não se sinta preparado do que iniciá-lo na ilusão de que pode dar conta e depois perceber que essa não é sua expertise. Pense bem, é seu nome, sua reputação que está em jogo.

Outro ponto importante antes de dar início a qualquer atividade é o planejamento. Nele deverão estar contempladas todas as etapas do projeto. Estas etapas devem ser apresentadas de forma clara, de fácil entendimento para que qualquer pessoa que tenha acesso a ele saiba em qual fase o mesmo se encontra.

Para ter condições de desenvolver com segurança a administração do seu negócio, algumas competências técnicas, comportamentais e interpessoais deverão ser desenvolvidas caso você não as tenha. Mas o que são essas competências?

• **COMPETÊNCIAS TÉCNICAS** são aquelas necessárias para que o profissional possa desempenhar suas atividades, por exemplo: conhecimento e características do produto, idiomas, sistemas de informática, operação de equipamentos etc.

• **COMPETÊNCIAS COMPORTAMENTAIS** são aquelas que agregam

um diferencial ao profissional e ao negócio, como: planejamento, **resiliência**, criatividade, foco em resultados, comunicação etc.

• **COMPETÊNCIA INTERPESSOAL**, segundo Fela Moscovici, é a habilidade de lidar eficazmente com outras pessoas de forma adequada às necessidades de cada um e às exigências da situação.

A **resiliência** é a capacidade de se recuperar e levantar após uma situação adversa. Até algum tempo atrás, os executivos acreditavam que o seu negócio era seguro e que permaneceria assim para sempre. As empresas não tinham um diferencial para se destacar perante as outras, pois tudo caminhava bem. Atualmente, ter um diferencial é fundamental para a permanência da empresa no mercado.

Para se destacar, as empresas e os profissionais precisam renovar constantemente o conhecimento técnico, *networking* e ter habilidade para mudar o curso da ação se a situação exigir. Caso contrário, estarão fadadas ao fracasso.

A proatividade, estar pronto para o inesperado e até mesmo se levantar após um deslize e tocar em frente são comportamentos que o empresário precisa ter para alcançar o sucesso.

E quando se fala em empresa de sucesso, o que lhe vem à mente? O que você pode fazer para que sua empresa seja bem-sucedida? Se você respondeu "ter lucro" para a primeira pergunta, saiba que não é apenas isso. O lucro é apenas a consequência de uma serie de fatores que juntos contribuem para que sua empresa prospere.

Na Psicologia Social existe uma experiência que se denomina "*imprinting*", resumidamente, ela diz que é muito difícil mudar a imagem que é estabelecida nos primeiros dias. Por este motivo, procure causar uma boa impressão desde o primeiro contato, antes de fechar um negócio. Cumpra os horários previamente agendados, seja transparente, objetivo e acredite que são esses pequenos gestos que ajudam a fixar sua imagem positiva no mercado para estabelecer vínculos sólidos. Enfim, estabeleça **empatia** com os seus clientes e parceiros de negócio.

A **empatia**, capacidade de se colocar no lugar do outro, ao contrário do que algumas pessoas pensam, é muito importante no mundo dos negócios. Ela facilita o processo de comunicação, melhorando o diálogo, pois dá abertura para que ambos os lados se disponham realmente a ouvir o que o outro tem a dizer. Ouvir o cliente é a chave para tudo. Ouça com o coração, com foco, sem fazer julgamentos precipitados, só assim você será capaz de compreender a real necessidade do seu cliente e apresentar-lhe soluções que mais se adequem a elas.

Outro ponto importante é saber lidar com erros. Segundo Mário Sérgio Cortella, "erro é para ser corrigido e não punido". Não se martirize se por acaso você errar em algum aspecto da condução do seu trabalho. Caso isso aconteça, esteja preparado para assumir o erro e tome providências imediatas para corrigi-lo. Não tente mascarar ou passar por cima dele como se nada tivesse acontecido. Este tipo de atitude é imperdoável e pode levá-lo à perda de credibilidade, ao caos. Portanto, lembre-se mais uma vez: SEJA SEMPRE VERDADEIRO.

Crie uma **Visão** para sua empresa. **Visão** é o propósito de uma empresa voltado para o futuro. O enunciado da visão deve conter tanto a sua aspiração (aonde se quer chegar), como a inspiração (quanta energia será colocada em prática). Outro ponto importante é estabelecer a **Missão** da empresa. O enunciado da **Missão** é uma declaração resumida do propósito e das responsabilidades da empresa perante seus clientes e deve deixar claro:

- Por que a empresa existe.
- O que a empresa faz.
- Para quem.

A definição e declaração dos **Valores** irão corroborar com seus objetivos pessoais demonstrando aos clientes a solidez e confiabilidade de sua empresa. **Valores** são princípios, ou crenças que servem de guia, ou critério para os comportamentos, atitudes e decisões de todas e quaisquer pessoas, que no exercício das suas responsabilidades, e na busca de seus objetivos, estejam executando a **Missão** na direção da **Visão**.

Ainda falando sobre estabelecimento de confiança com clientes e parceiros, existem algumas atitudes que você deve ter e lhe ajudarão a criar vínculos e se firmar no mercado:

- Seja verdadeiro e ético.
- Demonstre disponibilidade para ouvir sinceramente o que seu cliente tem a dizer.

- Cumpra fielmente o que foi prometido.
- Tenha sempre uma postura positiva.
- Seja objetivo, comunique-se claramente.

   E então, pronto para iniciar sua nova jornada?

Referências bibliográficas

CABRERA, Luiz C. Q. e ROSA, Luiz E. P. Se eu fosse você o que gostaria de fazer como Gestor de Pessoas. Rio de Janeiro: Elsevier, 2009.

MELO, Demétrio. Network e Marketing. Rio de Janeiro: Alta Books, 2004.

MOSCOVICI, Fela. Desenvolvimento Interpessoal. Rio de Janeiro: José Olympio, 2001.

Networking & Empreendedorismo

As profundezas do empreendedorismo

Rogério de Moraes Bohn

13

Rogério de Moraes Bohn

Administrador e Engenheiro Civil, com especialização em Informática em Educação e Gestão de Micro e Pequenas Empresas e Mestrado em Administração, na área de Recursos Humanos. Formação em Coaching Professional, Master e Advanced pelo Instituto Holos. Atua na área de consultoria e treinamento, sendo diretor da empresa Tempus Consultores; professor universitário em graduação (ESPM Sul e Faculdade SENAC/RS) e professor convidado em diversos programas de pós-graduação (UNISC, UNILASALLE, IENH, FACCAT, IDG, SENAC/RS, FTEC). Foi vice-presidente da AJE/POA – Associação de Jovens Empresários de Porto Alegre; presidente da FAJE/RS – Federação das Associações de Jovens Empresários do RS; vice-presidente da CONAJE – Confederação Nacional de Jovens Empresários; conselheiro da Comissão Municipal de Ciência e Tecnologia da Cidade de Porto Alegre/RS; membro do Fórum de Líderes da Gazeta Mercantil/SP; membro do MONAMPE – Movimento Nacional da Micro e Pequena Empresa; membro da coordenação executiva da União Empresarial do RS; membro da Comissão Estadual de Emprego do RS; membro da comissão de políticas públicas para a juventude/RS; vice-presidente da cooperativa de crédito SICREDI União Metropolitana/RS; vice-presidente Financeiro e de Relações Externas do CRA/RS. Autor do livro "Destino? Sucesso! – Grandes vitórias nas pequenas batalhas".

(51) 9982-9425
rogerio.bohn@tempus.adm.br

Networking & Empreendedorismo

É muito fácil identificar uma pessoa que tem o espírito empreendedor. De longe se pode ver, de perto se pode sentir a energia. Não há como não se sobressair no meio da multidão, entre a grande maioria das pessoas. Os empreendedores são pessoas inquietas, pessoas que estão sempre em busca de algo novo, de algo diferente, de algo que pode ser considerado muitas vezes como uma oportunidade. Esta oportunidade pode ser a de melhorar algo que já existe, de transformar algo comum em algo completamente diferente, ou então pode ser a criação de alguma coisa profundamente inovadora, algo que nunca foi imaginado antes. Mas, seja como for, esta pessoa que tem esse pensamento, essa chama dentro de si, da criação do novo, da insatisfação com o que existe, é o que podemos chamar de empreendedor. Uma pessoa que tem essa inquietação latente, que é capaz de ver o que os outros muitas vezes não veem, de desenvolver o novo, de construir o futuro a partir de apenas um pequeno fragmento de ideia. Esse é o empreendedor.

Importante se perceber que o empreendedor não tem idade, não tem sexo, não tem região geográfica, não tem sequer coloração partidária ou futebolística. O empreendedor é uma pessoa que simplesmente consegue ver além do que a maioria das pessoas vê. Ele consegue transformar uma coisa comum em algo muito especial, fazendo com que os demais seres "normais" muitas vezes se encantem com algo que ele criou. E o mais incrível é que muitas vezes, após o empreendedor desenvolver a sua ideia, criar o seu novo projeto, ele acaba parecendo muito óbvio para os demais, como se aquela necessidade que agora está sendo atendida, ou como se aquele novo processo criado fossem tão profundamente claros. Por vezes é inacreditável que ninguém tenha pensado nele antes. Inovação e empreendedorismo andam de mãos dadas, pois todo empreendedor tem de ser um inovador para poder transformar a sua ideia em algo concreto.

Por outro lado, algumas pessoas confundem o empreendedor com um empresário, com o dono de uma empresa ou o dono de um negócio qualquer. É claro que um empresário é uma pessoa que precisa estar disposta a inovar, a correr riscos, a buscar algo diferente, se quiser sucesso. Mas, se olharmos as estatísticas brasileiras que apontam que quase metade das empresas não consegue sobreviver ao segundo ano de vida, pode-se perceber que raros são os empresários que verdadeiramente têm a chama do empreendedorismo dentro do seu peito. Em sua maioria são pessoas que procuram fazer mais do mesmo, e acabam tendo de competir com um enorme contingente de outros empresários fazendo exatamente a mesma coisa, da mesma forma. Isso por si só não é empreendedorismo, é apenas o desenvolvimento de um novo negócio. Podemos considerar que uma empresa inovadora, com práticas diferenciadas, com produtos que atendam às necessidades dos seus clientes, pode vir a ter sérias dificuldades para se manter operando, em um ambiente profundamente inóspito para a sobrevivência dos negócios, como é o mercado que se apresenta nesta primeira metade do século XXI. Mas não há dúvida de que uma empresa tradicional, com práticas iguais e pensamento igual a muitas outras, sem nenhuma veia inovadora, dificilmente conseguirá sobressair-se nesse ambiente, e corre profundo risco de engrossar as estatísticas de fechamentos prematuros de negócios.

Mas, vale lembrar que os profissionais que estão desenvolvendo o seu trabalho dentro de suas empresas, ou mesmo aqueles que são ligados ao setor público, também podem ser empreendedores. O fato de inovar, de mudar, de buscar o diferente, o resultado através de outros caminhos, a otimização, são sintomas profundo de empreendedorismo. Muitas das atitudes empreendedoras mais transformadoras se dão justamente dentro de empresas, através de seus funcionários, que estão preocupados em trazer um melhor resultado muitas vezes para o seu próprio trabalho.

Em diversas ocasiões esse ser empreendedor não é bem compreendido, pois a sua contínua vontade de inovar, de criar algo novo, de mudar o que existe pode incomodar outras pessoas. O empreendedor tem como uma característica fundamental a insatisfação. A certeza de que é possível se fazer melhor aquilo que já existe, de que sempre haverá uma novidade esperando para ser criada, ou mesmo uma nova necessidade que as pessoas ainda não sentiram. Um dos grandes empreendedores de nosso tempo, Steve Jobs, tinha certeza de que grande parte de suas criações inovadoras foram feitas justamente para atender as necessidades que as pessoas ainda não tinham percebido que existiam. Entretanto, ao serem desenvolvidas, as soluções que ele trouxe à vida foram rapidamente aceitas e incorporadas nos hábitos do dia a dia das pessoas. E com isso ele recebeu o reconhecimento por tantas inovações, por tantos exemplos empreendedores.

Mas, claro, esse mesmo Steve Jobs teve um grande número de ideias que acabaram não dando certo imediatamente, ou mesmo que em momento algum receberam o acolhimento das pessoas como algo que viesse a ter sucesso. É um risco que o empreendedor corre. Aliás, uma das características mais marcantes do empreendedor é também correr riscos. É o gosto por desafiar as adversidades e correr os riscos de que a maioria das pessoas faz de tudo para escapar. É difícil se visualizar nos dias em que vivemos alguma atividade humana que possa ser considerada estável e segura, visto que as transformações que estamos passando nos obrigam a adaptações a todo instante, e os cenários políticos e econômicos de nosso país e das nações de um modo geral demonstram um grau de velocidade de mudança como antes jamais visto. Porém, o empreendedor assume esse risco, apesar do ambiente que se apresenta, e procura viabilizar caminhos para transformar seus projetos em algo concreto. Tal como um bombeiro, que corre em direção ao fogo, quando todos fogem dele, o empreendedor corre em direção ao risco, administrando-o, mas sabendo que ele está lá, e que não há como eliminá-lo, apenas enfrentá-lo com sabedoria, experiência e técnicas adequadas. Enfrentar o risco sem o adequado planejamento, sem as devidas ferramentas conceituais, financeiras e os apoios necessários não é empreender, e sim desperdiçar recursos. Mas o verdadeiro empreendedor tem de ser capaz de realizar a adequada articulação de todos estes fatores para poder buscar o melhor resultado.

Esse empreendedor vai colher os louros do sucesso quando tudo dá certo, vai alavancar os seus negócios, receber incentivos para ir cada vez mais longe com as suas ideias. Sem dúvida esse parte do lado bom do empreendedorismo. O reconhecimento por uma boa ideia, por algo que deu certo. E usufruir dos resultados disso, sejam financeiros, sejam pessoais. O que não é tão fácil de ser administrado é justamente quando aquela ideia que parecia ser fantástica para o seu criador não obtém o sucesso esperado, ou mesmo foi realmente considerada inadequada pelas pessoas. Algo que tinha como único destino o sucesso acaba sendo nada mais do que uma ilusão de empreendimento bem-sucedido. Isso é uma coisa muito complicada, dolorida e a por vezes traz importantes prejuízos para o empreendedor. E sabe-se que uma ideia, um empreendimento que é desenvolvido em um determinado momento e que não tem o melhor resultado poderia ser muito bem-sucedido se o fosse em outro momento. Por vezes o mercado ainda não está maduro para acolher uma nova ideia, um novo negócio, um novo processo. Ou, quem sabe, a ideia ainda não estava adequadamente madura para se transformar em um empreendimento de sucesso. O que poderia ter havido é um pouco mais de análise ou de pesquisa para chegar aonde verdadeiramente seria possível atingir o interesse das pessoas. Mas, se isso não ocorre, o fracasso é inevitável. E o verdadeiro empreendedor deve estar preparado para lidar com isso.

Os caminhos do empreendedor muitas vezes cruzam com o insucesso, com a impossibilidade do êxito, com o fracasso. Para as pessoas de pensamento tradicional, o fracasso pode ser tudo que faltava para desanimá-las. O fracasso pode colocar de uma vez por todas a vontade de inovar, de criar algo diferente, de empreender, em algum lugar distante das práticas do dia a dia. O fracasso pode ser o fim, para muitos. Mas não para o empreendedor.

Para esse, o importante é aprender com o fracasso, procurar perceber o que houve de errado com a ideia ou com a operacionalização desta ideia. O que vai ser realmente significativo para um empreendedor é aprender com os erros de sua iniciativa, para que em suas próximas atitudes empreendedoras os problemas sejam superados e que não haja o risco de cometer duas vezes o mesmo erro.

Para muitos empreendedores, o difícil não é ter a ideia, ou mesmo conseguir as condições necessárias para pôr a sua ideia em funcionamento, mas sim justamente administrar o desenvolvimento do seu projeto. Para isso não basta uma boa ideia, uma boa intenção, mas é necessário técnica, prática, e boa capacidade de gestão. Para isso é necessário estudar as melhores práticas... buscar profissionais capacitados para fazer a gestão, ou o aconselhamento adequado para isso, seja através de uma consultoria, ou mesmo de um processo de Coaching. Afinal, o empreendedor deve ter a capacidade de identificar os pontos em que tem condições de desenvolver suas atividades sozinho, e aqueles onde é necessário que se apoie com pessoas de maior conhecimento em áreas específicas. Isso é fundamental. Evitar os erros desnecessários, evitar o desperdício de recursos.

O empreendedor não se envergonha de cometer erros, ou de tentar fazer algo diferente. O que ele procura fazer é justamente aprender a cada erro cometido. Melhor ainda se for possível aprender com os erros cometidos por outros empreendedores. Pois somente analisando aquilo que se fez e que poderia ter sido feito diferente é que é possível evoluir nas ideias.

Manter o mesmo pensamento ou as mesmas atitudes, insistindo em algo que notadamente não dá certo, não é empreendedorismo, mas sim, como já nos ensinava Einstein, insanidade.

O empreendedorismo pressupõe certa dose de ousadia, de impetuosidade, de coragem, mas também precisa receber, de outro lado, o aconselhamento da sabedoria. É necessário que o empreendedor possa desenvolver ao longo do tempo a condição de diferenciar a persistência da pura teimosia. Persistir para levar um projeto adiante, buscando formas alternativas, é fundamental. Entretanto, ter a teimosia de querer que algo possa ter o resultado esperado, quando claramente isso não é possível, não é compatível com o pensamento empreendedor.

Mas, depois de tudo isso, parece que ser empreendedor é quase buscar uma utopia, que somente poderá ser alcançado por homens e mulheres diferenciados, um grupo quase inexistente dentro da realidade dos humanos. Parece que o conjunto de necessidades e qualidades que são postos para empreender torna essa tarefa algo praticamente inalcançável.

Bastam, porém, alguns poucos momentos de análise e de reflexão para lembrarmo-nos de tantos e bons exemplos de pessoas que são consideradas grandes empreendedores e que são pessoas como tantas outras. O que as tornou diferenciadas a ponto de serem reconhecidas como empreendedoras é que elas aceitaram a sua insatisfação com o que estavam vendo e procuraram fazer algo para mudar. Afinal, se o empreendedor tiver todas as qualidades que necessita para desenvolver o seu projeto inovador, tiver estabelecido as redes de contato necessárias, tiver os recursos adicionais necessários, mas não tiver a iniciativa de fazer alguma coisa no sentido de realizar a sua ideia, nada acontecerá. Tudo não passará de um sonho, ou de um pensamento perdido num grande fluxo de conexões mentais, que se perderá com o passar do tempo.

E uma das coisas mais frustrantes para uma pessoa é ter uma ideia, ter a certeza de que ela poderá ser bem-sucedida, encontrar os principais caminhos para colocar o projeto a andar, mas... simplesmente não fazer. Por medo, por acomodação, por falta de confiança em si mesma. Com o tempo, a frustração dos projetos nunca realizados vai corroendo o espírito da pessoa.

Claro que é necessário responsabilidade e saber dosar o tamanho do passo a ser dado, seja na área que for. Mas, mais do que isso, é fundamental ir ao encontro da ideia inovadora, e transformá-la em algo que possa ser real, tangível, trazer frutos, trazer resultados.

Por que não? Então?

Mãos à obra?

Networking & Empreendedorismo

Um repensar sobre a aposentadoria
Sua qualidade de vida agradece

Silvia Cecilia Lourenço e
Melania Maria Zambelli

14

Silvia Cecilia Lourenço

Mestre em Administração e Desenvolvimento Empresarial; pós-graduada em Recursos Humanos pelo IAG – PUC/RJ e Administradora na FASPA/RJ.
Formada em Personal & Professional Coaching pela Sociedade Brasileira de Coaching. Trabalhou durante 25 anos na Shell, como secretária executiva e chefe de treinamento gerencial. Atualmente é coordenadora do curso de Administração e da Agência de Talentos, além de professora universitária na Faculdade Salesiana de Macaé/RJ.

(22) 99835-1746 / (22) 2765-7740 / silviaclourenco@ig.com.br

Melania Maria Zambelli

Bacharel em Administração pela Faculdade Salesiana Maria Auxiliadora. Desde 1989 trabalha na Caixa Econômica Federal de Macaé, tendo atuado nas áreas de atendimento, captação, mercado de aplicação, recursos humanos, tesouraria e, atualmente, exerce a função de caixa executiva.
Participou de vários treinamentos nas áreas de gerenciamento de tempo; *feedback*, gestão de carreiras, competências e conflitos.

melania.maria@hotmail.com

Antigamente, o homem trabalhava apenas para suprir suas necessidades básicas de sobrevivência e vivia em pequenos grupos estritamente familiares. Com o aumento populacional e a necessidade de ampliar as produções surgiram com a Revolução Industrial outra forma de trabalho e a necessidade de administrar as relações de trabalho entre empregador e empregado e entre os grupos de empregados.

Dessa forma, surge a necessidade de se estudar e desenvolver normas e regras para um equilíbrio entre o trabalho e o trabalhador, para a valorização de pessoas, suas relações entre si, com o trabalho e o aumento da produtividade e lucro.

Logo, a qualidade de vida torna-se o foco do novo milênio. Mas como definir qualidade de vida? Como preservar a saúde física e psicológica do colaborador para viver esse novo momento da aposentadoria?

Segundo Chiavenato (2010, p.487), "A QVT representa o grau em que os membros da organização são capazes de satisfazer as suas necessidades pessoais através do seu trabalho na organização".

Portanto, ela é subjetiva e pessoal e sofre influência de vários fatores, que dependem de cada um de nós, da nossa visão do ideal, da nossa herança familiar e cultural, da fase da vida em que estamos inseridos, da nossa expectativa em relação ao futuro, das nossas possibilidades, do ambiente, da visão que temos do mundo e da vida, dos nossos relacionamentos etc. Somente é compreendida se for captada nas suas múltiplas dimensões, como a vida no trabalho, a vida familiar e a vida na sociedade, a espiritualidade, enfim, em toda a vida.

A qualidade de vida não está à venda como se fosse um item da moda ou de um supermercado, também não a conseguimos adquirir de um dia para o outro. Ela consiste em uma busca pessoal e social. Busca que deve ser constantemente reavaliada e reajustada.

É necessário fazer alguma coisa, pois, segundo o ditado popular, "não deixar para amanhã tudo aquilo que gostaria de fazer, poderia fazer e teria condições de fazer hoje". Temos a tendência de achar que viveremos eternamente e que, portanto, podemos adiar as coisas boas da vida. Qualidade de vida tem algo de "aqui e agora", e algo que poderíamos chamar de "planejar o futuro".

Por isso, torna-se cada vez mais importante tratar da qualidade de vida na aposentadoria. Conhecer sobre as melhorias que podem ser feitas agora e que vão repercutir no futuro com uma vida melhor para os aposentados.

Primeiro é preciso acabar com vários paradigmas que a palavra aposentadoria significa para as pessoas, como alguns destes: idosos incapazes, sem poder aquisitivo, doentes, marginalizados pela sociedade de consumo. Na verdade, eles podem não ser.

São tímidas as iniciativas oficiais para o contingente populacional definido como terceira idade. As empresas de grande porte, as multinacionais e as chamadas estatais mantêm lá seus programas de preparação para aposentadoria. Contudo, a maioria dos brasileiros depende dos resumidos rendimentos da Previdência Social. Os trabalhadores da iniciativa privada, bem como o funcionalismo público, veem com apreensão a chegada do período de inatividade.

Portanto, com base nessa realidade, o foco deste artigo é discutir a qualidade de vida de uma parcela da população ainda relativamente jovem, tendo em vista o aumento da longevidade, seu convívio social, valorização, experiências e produtividade, nos aspectos sociais, econômicos e financeiros.

A aposentadoria não deveria ser vista como fim de carreira, mas como o começo de um novo ciclo de vida. E, para isso, torna-se essencial conhecer suas dificuldades e tentar tornar essa passagem algo prazeroso e repleto de futuro, pois ganha a empresa quando consegue proporcionar uma boa qualidade de vida ao colaborador, e ganham as pessoas envolvidas, que se sentem incentivadas e amparadas nessa nova fase da vida.

Melhorar a qualidade de vida no trabalho vai refletir diretamente numa melhor aposentadoria tanto na parte física como econômica e preparar as pessoas para essa difícil decisão, de mudanças radicais tanto do corpo com a chegada da terceira idade e de hábitos, já é um caminho que está começando a ser percorrido.

Muitas empresas estão com foco nesse futuro, onde cada vez mais as pessoas tendem a se aposentar com idade cronológica, mas muito bem fisicamente e psicologicamente, tanto que muitos tentam retardar essa decisão ao máximo, mas encontram barreiras na própria empresa, que cada vez mais valoriza os jovens, por representarem mão de obra barata e fácil de moldar. Resta às empresas preparar essas pessoas para saírem das mesmas bem e cheias de expectativas num futuro melhor e adaptado ao seu momento atual.

Para que isso se concretize, nada melhor que estudar, conhecer e avaliar as expectativas e o grau de satisfação dessa nova categoria trabalhista: os aposentados.

A subjetividade das pessoas

As emoções são parte integrante das interações. Ainda que não se possa saber qual é a natureza exata de uma emoção, dado que cada uma é função da história de vida e do corpo do indivíduo que a sente, a emoção tem um significado, positivo ou negativo, que age sobre a representação do Eu nos encontros que se seguem.

O ser humano, ser de desejo e de pulsão, como define a psicanálise, é dotado de uma vida interior, fruto de sua história pessoal e social (DAVEL, VERGARA, 2012, p. 21).

Por isso, não podemos definir objetivamente e racionalmente o que é uma boa qualidade de vida na aposentadoria, pois essa terá um impacto diferente em cada pessoa, dependendo de suas perspectivas e ansiedades.

O processo de desenvolvimento de pessoas é fundamental para a garantia da empregabilidade das que se aposentam e pretendem continuar a trabalhar e, por exemplo, desenvolver o seu lado empreendedor e, como consequência, abrindo o seu próprio negócio.

Qualidade de vida

O século XXI inicia-se em um contexto de amplas transformações no âmbito empresarial, que vem tornando-se cada vez mais competitivo. São mudanças na economia mundial, nas relações internacionais, na tecnologia, na organização produtiva, nas relações de trabalho e na educação e na cultura do País, gerando impactos inter-relacionados sobre a vida das pessoas, das organizações e da sociedade.

Por isso, a saúde do trabalhador tem merecido a atenção dos estudiosos principalmente em três aspectos: adaptação a novas tecnologias, globalização, competitividade, metas; vida pessoal e social; doenças do trabalho, segurança e motivação.

Pessoas e grupos responsáveis pelas empresas têm sido corajosos – ao mesmo tempo em que estão preocupados em entender melhor sobre os impactos, as necessidades, as frustrações e as perdas e ganhos relativos ao bem-estar no trabalho.

Segundo França (2011, p.149), a QVT é percebida como um conjunto de ações, programas e atitudes que interferem em toda a organização, independentemente das funções de seus colaboradores. A QVT está fortemente associada a atitudes e comportamentos das pessoas e ao desempenho organizacional de seu ambiente de trabalho.

Para que a QVT não vire simplesmente mais um modismo nas empresas, devem-se identificar fatores e critérios que sustentem a formulação de modelos de implantação de projetos de QVT.

Conclusões de uma pesquisa de campo

O objetivo desse trabalho foi verificar a percepção que os 22 aposentados da empresa pública X têm a respeito de sua qualidade de vida e, após a pesquisa, chegou-se a algumas reflexões que serão compartilhadas ao longo da conclusão deste trabalho.

Em primeiro lugar, percebe-se que a palavra aposentadoria ainda é vista com receio pelas pessoas. Apesar de ser algo novo, tem acontecido cada vez mais na nossa sociedade, tendo em vista o aumento da expectativa de vida das pessoas. O seu significado ainda é forte por representar a ruptura de um período produtivo para um período improdutivo ou de inutilidade. Por isso as pessoas apresentam tanta dificuldade em planejar sua aposentadoria, reconhecê-la como uma etapa de transição de um período intenso de compromissos e responsabilidades para outro que traz mudanças radicais de hábitos e atitudes, em que a qualidade de vida e a valorização do ser humano não devem sofrer perdas.

A qualidade de vida também não é simples de se definir, já que envolve muitos aspectos tanto financeiros como de saúde física e mental que, além de serem muito subjetivos, dependem da ótica de cada um, e também sofrem um desgaste natural com a idade que independe de nossa vontade. Tudo isso nos leva a pensar na importância do planejamento e da construção de um projeto de vida para essa fase, refletindo sobre as formas interessantes de utilizar o tempo livre, a sua liberdade, valorizando o convívio com a família e permitindo que as pessoas se informem sobre as regras do sistema previdenciário, entre outros aspectos.

Em relação aos fatores da gestão de pessoas que mais influenciaram na qualidade de vida do grupo de aposentados entrevistados, percebeu-se que as pessoas estão totalmente dominadas pelo aspecto financeiro, se preocupando mais com o salário e o plano de previdência complementar. Isso se deve principalmente ao fato de que vivemos num sistema capitalista onde sem recursos financeiros não conseguimos realizar nossos sonhos, porém, não podemos negligenciar a importância da qualidade de vida no trabalho que vai refletir na nossa vida futura, a assistência médica para tratar dos problemas da terceira idade, a segurança no trabalho e, principalmente, ter sob controle o stress pessoal e do ambiente a nossa volta.

O grupo entrevistado demonstrou ter consciência de que uma aposentadoria com qualidade se constrói com um projeto de vida desde a fase produtiva, o que só se torna realidade através de um melhor conhecimento e entendimento do processo de gestão de pessoas da empresa. A empresa X tem investido em gestão de pessoas, inovando e adaptando as novas formas de lidar com o trabalho no mundo atual. Todas essas mudanças estão repercutindo na aposentadoria dos ex-funcionários entrevistados. Se, por um lado, as pessoas estão vivendo mais, por outro, elas têm de se cuidar mais para que estejam bem nessa nova fase de vida. Por isso, todos os processos de gestão influenciarão de forma definitiva na sua qualidade de vida futura. Não só nos aspectos financeiros oriundos de salários, gratificações, ascensão profissional, bem como nos aspectos de saúde física - o corpo não apresentar sequelas graves -, como de saúde mental - estar em boas condições de cabeça, sem perturbações comprometedoras.

O aspecto financeiro está a cargo da Previdência Social e cabe a cada um se programar e fazer uma previdência complementar para garantir uma maior tranquilidade financeira no futuro.

O aspecto da saúde física e mental está a cargo de cada um. Respeitar seu corpo, suas limitações e, mais tarde, as limitações impostas pela própria idade, procurando desenvolver-se intelectualmente, se mantendo atualizado, aprendendo coisas novas, se relacionando cada vez mais.

Segundo Novaes (1997, p. 44), é importante nessa etapa, da aposentadoria, distinguir bem aquilo que queremos fazer daquilo que gostamos de fazer – viver bem a velhice é uma responsabilidade pessoal e está diretamente ligada ao desejo de viver. Um ponto importante a destacar é que o contato com o mundo não deve ser prejudicado pelos limites da visão, da audição, do paladar, do tato, do equilíbrio, da locomoção, que devem ser encarados e superados pelo avanço da Medicina, da tecnologia e das atitudes.

Portanto, a aposentadoria tem características misteriosas e é um assunto inesgotável, que vem sofrendo modificações constantes e ainda precisa de muitos estudos e reflexões, já que depende de nossas atitudes, desde que entramos no mercado de trabalho, da nossa relação com o trabalho diário e ao longo dos anos produtivos e o que isso irá influenciar na nossa expectativa de vida futura.

Neste novo milênio, a aposentadoria terá de ser vista e terá de ser tratada como um recomeço para aqueles que, durante tantos anos, se dedicaram ao crescimento do nosso Brasil.

Referências bibliográficas

CHIAVENATO, Idalberto. Gestão de Pessoas: e o novo papel dos recursos humanos nas organizações. Rio de Janeiro: Elsevier, 2010.

DAVEL, Eduardo; VERGARA, Sylvia C. Gestão com pessoas e subjetividade. 5ª ed. São Paulo: Atlas, 2012.

DICIONARIO MICHAELIS. Disponível em: Michaelis.uol.com.br/moderno/português/índex.php. Acessado em 26 de maio de 2015.

FRANÇA, L. H. Ganhos e perdas: atitudes dos executivos brasileiros e neozelandeses frente à aposentadoria. 19 f. Artigo. Universidade Salgado de Oliveira, Maringá, 2011.

NOVAES, Maria Helena. Psicologia da Terceira Idade – conquistas possíveis e rupturas necessárias. 2ª ed. Rio de Janeiro: Nau Editora, 1997.

Networking & Empreendedorismo

Crise – como utilizar as oportunidades através de network

Sueli Felix Oliveira Guilhem

Sueli Felix Oliveira Guilhem

Formada em Administração de Empresas. Tem 30 anos de experiência no mercado financeiro, sendo 26 anos na área comercial como gerente.
Nos últimos dez anos atuou no Banco Bradesco na função de gerente de relacionamento sênior, gerenciando somente empresas de médio e grande porte.
Atualmente é diretora executiva do BNI (Businnes Network International) na região do ABCDM (Grande São Paulo).
Além de administrar grupos de negócios também atua na formação desses grupos.

(11) 96378-1277
sueliguilhem@hotmail.com

"A regra mais elementar do *networking* é investir continuamente nas relações profissionais." Sueli Guilhem

Em chinês, o ideograma que significa CRISE quer dizer, ao mesmo tempo, RISCO E OPORTUNIDADE.

É interessante notar quanto a assimilação desse conceito pode transformar sua vida.

Acontecimentos como doenças, acidentes, divórcio, falência, morte de entes queridos e perda de emprego nos deixam em crise para que possamos aprender e evoluir.

Quantos problemas você tem... Já parou para contá-los?... Não é preciso. No mundo de hoje, temos problemas de sobra. Se começássemos a fazer uma lista... Sonhos não concretizados, problemas de saúde, conflitos familiares, trânsito infernal, ônibus lotado, ufa, a vida não é mesmo fácil.

Mas são também os problemas que a tornam bela devido ao grande desafio que representam.

É importante, porém, que você se conscientize de que estas crises ou problemas podem lhe ensinar muitas coisas.

QUE APRENDIZADO VOCÊ TEM EXTRAÍDO DA CRISE?

O que nos faz tropeçar e cair são pequenas coisas que, na verdade, acabamos negligenciando.

E às vezes cometemos os mesmos erros por não ter encarado as CRISES como solução.

Podemos superar qualquer obstáculo vendo as coisas de um ângulo diferente, abandonando de vez os resquícios do comodismo e da preguiça.

Devemos encarar nossos problemas de cabeça erguida.

Para começar, é preciso sair da chamada **ZONA DE CONFORTO,** que nada mais é que a acomodação.

Nela, assistimos a nossos sonhos perderem-se no tempo, enquanto ficamos imóveis, pois a insegurança impede a ação. Mais do que isso, na zona de conforto temos a falsa sensação de que as coisas estão bem da forma como estão. Então, pra que MUDAR?...

Mudar dá muito trabalho, força a gente a sair da rotina e a fazer coisas novas.

Muitas pessoas vão se entregando sem notar, sem avaliar o desperdício de tempo e energia com a autocrítica limitante.

Acredite, sair da zona de conforto é o primeiro passo para a mudança.

Como podemos sair da zona de conforto e criar oportunidade?

Uma história resume como podemos enxergar as oportunidades:

Um dia um anjo foi incumbido de uma missão.

Se quisesse subir de posto no céu, deveria ir à Terra salvar uma vida que estivesse perto de se extinguir.

Determinado, o anjo assumiu a forma humana e começou a procurar alguém cuja vida estivesse em perigo.

Não precisou andar muito. Quando passava por uma ponte, percebeu um homem em atitude estranha que parecia realmente querer atirar-se da ponte. Rapidamente, o anjo aproximou-se do homem e perguntou se podia ajudá-lo.

– Não, ninguém pode – respondeu ele.

– Bem, não sei o que aconteceu em sua vida, mas não me parece que o que está prestes a fazer vá resolver as coisas.

– Olhe aqui, meu senhor, me deixe em paz. Já estou decidido, minha vida não vale nada, nunca tive oportunidades, nunca tive nada que me ajudasse a sair do buraco.

– O que você chama de oportunidade?... Dê-me um exemplo - perguntou o anjo.

– Bem, eu poderia ter nascido num país de PRIMEIRO MUNDO, tudo seria diferente. Nos Estados Unidos, por exemplo, eu teria muito mais chances...

– Puxa, só isso... Não concordo. E se mesmo lá você tivesse nascido numa família pobre, especificamente na época da grande Depressão americana, nos anos 30?... – provocou o anjo.

– Sem problemas. O governo de lá presta muito mais assistência às pessoas e o sistema educacional é muito melhor que o nosso. Certamente estudaria em uma boa escola e teria um emprego garantido na juventude.

– Sei... E se, além de ter nascido pobre, você fosse negro, ficasse cego aos sete anos e órfão de pai e mãe ainda na adolescência?... – questionou o anjo.

– Ora, assim você esgotou todas as oportunidades de alguém ser bem-

-sucedido, mesmo nos Estados Unidos - ressaltou o homem.

– Será mesmo?... Então pergunte a Ray Charles como ele conquistou o estrelato nascendo e crescendo nessas condições.

Com essa resposta, o homem sentiu-se envergonhado por ter pensado em suicídio.

E você, não espere que um anjo venha mostrar-lhe o que quer que seja.

Faça como o cantor Ray Charles, não deixe que nenhum empecilho se interponha entre você e sua felicidade, suas conquistas e seus sonhos. Aos poucos conquistará seu espaço no mundo.

Como sair da zona de conforto utilizando as redes de relacionamento

Ter uma boa rede de relacionamento hoje é essencial.

Networking é uma rede social onde as pessoas se relacionam de alguma forma. Pode se tornar uma prática recorrente dentro das empresas para ampliar ao máximo as oportunidades de negócio. Consiste em manter contatos com outros profissionais.

Não basta entrar no Faceboock ou LinkedIn, é importante focar sua atenção em pessoas nas quais você vê potencial de relacionamento futuro, seja como fornecedor, parceiro de negócios, sócio ou funcionário.

Uma rede de contatos se fortalece através das conexões estabelecidas em uma palestra, conferência, cursos e outros eventos.

Nesses eventos podemos descobrir boas oportunidades de negócios, mas elas dependem de relacionamento, dos elos que iremos conseguir criar, na sequência se vão se transformar em rede ou não, isso depende de um trabalho posterior, o que exige dedicação. Portanto, os eventos são importantes, mas como um primeiro passo no caminho do verdadeiro *networking*.

Demonstrar interesse e construir uma conversa é essencial e pode revelar oportunidade de crescimento futuro.

O relacionamento é um processo de construção de amizade, motivada por interesse mútuo.

Cultivando conexões, sua rede de contatos pode ser ampliada, em que você e seu negócio causam boas impressões e são referenciados.

O seu capital social torna-se cada vez mais valioso, expandindo sua capacidade de formar relacionamentos sólidos, pessoais e profissionais.

Networking & Empreendedorismo

Dando se recebe: altruísmo no networking

Thiago Polisel de Oliveira Jordão

Thiago Polisel de Oliveira Jordão

Sendo bom com números, formou-se em Engenharia de Alimentos pela Mauá, mas os números se mostraram frios e calculistas, com um coração de filósofo em busca da verdade estudou Teologia pela Nossa Senhora da Assunção e pós-graduação em Transdisciplinaridade e Cultura de Paz pela Unipaz. Explorou pelas Ciências os mistérios ocultos através de uma Extensão Universitária em Parapsicologia pelo CLAP-UNISAL com o Padre Quevedo. Consultor de RH, desenvolveu uma ferramenta de *assesment* própria (fusão de MBTI com Eneagrama). Especialista em leitura a frio. Diretor executivo do BNI (Business Network International) para a região das cidades do ABC do Estado de São Paulo com mais três sócios.

(11) 99622-0990
thiago@oadh.com.br
www.oadh.com.br

"Dai, e vos será dado; recebereis uma medida boa, calcada, sacudida, transbordante." (Lc 6, 38)

Introdução

Este pequeno estudo visa, através de um breve olhar para a evolução do empreendedorismo, de sua base original para os dias de hoje e com a ciência da teoria dos jogos, observar o comportamento dos atores no jogo da sobrevivência.

Busca-se determinar que de fato o altruísmo existente na natureza humana e expressado sobre certas situações como atitudes voluntárias em um processo de visibilidade dos atores com um sistema de medição pautado por metas de generosidade, com a inibição de atos 'caçadores' e engajamento de seus membros em processos de liderança, produzem substanciosos resultados na geração de negócios, enquanto as faltas destes fatores redundam em duros prejuízos destes mesmos.

Pescadores e suas redes

Desde o início da humanidade, pescadores pescavam para trazer comida para a mesa, este era o grande objetivo: sobreviver. No mundo de hoje, no entanto, as coisas se tornaram mais complicadas, o conceito de sobrevivência evoluiu para AA de prosperar, hoje os pescados, de fato, estão nos supermercados para serem comprados. Agora pescamos dinheiro e este novo "crustáceo" se esconde em "conchas" chamadas carteiras, localizadas em "recifes" chamados seres humanos e as redes que usamos são de uma natureza diferente chamada *networking*.

A rede que se usa no *networking* é uma costura de fios chamados relacionamentos, constitui-se de uma troca de ações emocionais aplicadas a fins comerciais, ela se estende pelo fundo e quando um ser humano apresenta desejo de consumo a rede captura o desejo de consumo e o direciona a quem pode atendê-lo, mas sendo feita de relacionamentos está sujeita às emoções humanas e sua cultura.

A natureza dessa rede não é palpável, ela é composta de um conjunto de hábitos carregado por opiniões, emoções e interações instintivas. Há muito tempo, em um momento pré-histórico, seres humanos aumentaram suas chances de sobrevivência, compartilhando experiências de sucesso com recém-conhecidos e este espírito compartilhador promoveu o prosperar humano, assim, no *networking* a promoção do altruísmo adquire uma grande relevância, quando você pensa que um desconhecido consome seu produto, confiando em alguém que gostou do seu produto e o promove mesmo sem ganhar nada em troca diretamente com isso.

Ubuntu

Eu me recordo de uma história interessante:

Um antropólogo, estudando uma tribo africana, ao terminar seu trabalho enquanto esperava o transporte lançou um desafio para um grupo de crianças. Comprou um saco de balas e prendeu o mesmo a uma árvore. Combinou então com as crianças que estas correriam a partir de uma linha desenhada no chão assim que ele dissesse "já" e aquela entre elas que alcançasse primeiro o pacote ficaria com todas as balas. Assim ele fez, mas as crianças, surpreendendo-o, dando-se as mãos correram juntas e alcançando as balas dividiram-nas entre si. Pasmo, ele perguntou às crianças por que houveram de agir daquela forma se podiam ter tudo para si, ao que elas responderam:

– Ubuntu, tio. Quando uma criança chora, todos nós choramos.

É interessante notar que, segundo a Ciência, existem em nossos cérebros os chamados neurônios-espelhos que permitem que imitemos um aos outros e reflitamos os comportamentos alheios, assim, se eu te ajudar, você vai me ajudar, está no nosso "sangue". Mas, como podemos dar um caráter mais científico e palpável a conceitos como altruísmo? Ou as emoções? Que Ciência poderíamos utilizar? Para o fim deste estudo usarei a teoria dos jogos.

Teoria dos jogos

A teoria dos jogos é um ramo da matemática aplicada muito usado na economia com o objetivo de, através de simulações de jogos, determinar o processo de decisões de indivíduos. Esta Ciência floresceu fortemente na década de 50 com mentes brilhantes como a de John Nash em torno do famoso Dilema do Prisioneiro. Procurarei utilizar esta Ciência como ferramenta prática na observação dos grupos focados em *networking* dos quais eu faço parte e dirijo, detectando como certos comportamentos e culturas favoreçam ou prejudicam os negócios desenvolvidos através do *networking*.

Ultimatum

No princípio da década de 80, o Dilema do Prisioneiro havia inspirado um jogo de laboratório chamado Ultimatum, que consiste no seguinte: dois jogadores anônimos, sendo o primeiro jogador chamado de Annika, recebe US$20,00 e deve decidir quanto deste montante vai dar para o segundo jogador, que veio a ser chamado Zelda. Se Zelda aceitasse a partilha, ambas ficariam com o valor combinado, senão, caso Zelda não aceitasse, ambas ficariam sem nada.

Pela lógica do jogo, sabendo Zelda que qualquer valor é melhor que nada, aceitar qualquer valor haveria de ser aceitável, mas o senso de justiça mostrou falar mais alto e as Zeldas tenderam a recusar valores inferiores a US$3,00, como se viessem a pagar para castigar a Annika por agir de forma tão egoísta e no resultado, na média, as Annikas ofereciam US$6,00, como se exibissem: sou generosa, por favor, aceite minha oferta!

Dictador

Seriam as pessoas altruístas por que esperavam que o outro viesse a aceitar sua oferta? Foi realizada, então, uma nova versão do Ultimatum chamado Dictador, no qual a Annika só tinha duas opções de oferta: a primeira no valor de US$2,00 e outra de US$10,00 a ser oferecido de um montante de US$20,00 a uma Zelda anônima, e tendo apenas a Annika decidindo de forma unilateral, por isso "Ditador". A generosidade não seria recompensada, nem o egoísmo punido e o anonimato eliminavam a influência de qualquer sentimento pessoal das partes. Como resultado, 75% das pessoas davam a metade do valor em comparação aos 25% que davam apenas os US$2,00.

Fazendo uma conta simples:
(US$10x75+US$2x25)/100=US$8,00 → 8/20=40% de doação na média

Assim, houve um aumento de 30% para 40% dos ganhos, a partir do uso de um sistema que canalizou o altruísmo, reduzindo as opções, a uma meta de generosidade predefinida.

Até aqui pode-se concluir que o altruísmo faz parte da natureza humana, que mesmo na ausência da necessidade de partilhar o ser humano age na direção da partilha, inclusive doando mais do que quando a partilha está ligada a uma certa condição de troca.

Altruísmo. Será?

Estes tipos de jogos, Dictador e Ultimatum, causaram um *"boom"* na década de 80, concluiu-se que se havia descoberto que as pessoas eram altruístas, assim pensavam, mas John List, um economista de Sum Prairie, Winsconsin, desconfiou de que isto não fosse verdade.

Em geral, quem se oferece para participar voluntariamente de um estudo normalmente é uma pessoa mais altruística que a média. Além disso, em todo teste há um observador e o observador afeta também o resultado.

Um detalhe interessante que passou a ser aprofundado devido à Física quântica é a influência do observador no observado, em experimentos de observação de feixes de luz emitida através de fendas simples e duplas, qual foi a surpresa quando os feixes que se comportavam como onda quando não eram observadas, mas na presença de um medidor se comportavam como partícula. Que comportamento absurdo é este?

Repórteres são conscientes desse fato, haja vista que quando observam o mundo animal tomam cuidado para os animais, que por considerá-los predadores ou intrusos, podendo mudar de comportamento, assim não o façam.

Assim, John List para validar sua percepção iniciou testes onde alguns dos indivíduos testados não estavam conscientes de estarem sendo testados e a conclusão do que observou é que o altruísmo caía drasticamente na ausência de um agente observador reconhecido. A generosidade tende a seguir para onde ela recebe aplausos e atenção.

Dictador com tira um

John List quis testar novas modalidades do jogo Dictador, agora acrescentando, além de poder dar qualquer quantia, dar poder também de retirar US$1,00. Com este novo conjunto de possibilidades, 35% deram alguma coisa, enquanto 45% se mantiveram neutros e 20% tiraram US$1,00.

É possível concluir que a permissão de se tirar valores irrisórios do outro faz com que a generosidade caia pela metade. Sendo a generosidade o motor principal na produção de negócios através do boca a boca, a fofoca então se revela como um fator aparentemente pequeno, mas estas pequenas retiradas da credibilidade alheia reduzem o faturamento pela metade e acabam por contaminar um quinto dos participantes.

É de suma importância que os *networkingers* que anseiem ter sucesso fujam da maledicência e coíbam estes comportamentos nos outros. É curioso que entidades religiosas intuitivamente coíbam estes comportamentos centralizando toda maledicência como permitida somente se falada para a figura de seu líder religioso nos confessionários, assim garantindo um clima de maior cooperação.

Dictador com roubo

Em uma nova versão, tanto Annika quanto Zelda receberam ambas o mesmo montante. Annika poderia dar ou tirar qualquer valor do montante que quisesse. A partir dessa nova configuração, 10% deram alguma coisa, enquanto 30% ficaram neutros a não darem, nem tomarem nada e 36% tiraram alguma coisa de Zelda, enquanto 24% tiraram tudo, perfazendo juntos um total de 60% de "ladrões".

A partir desta perspectiva foi possível perceber que um comportamento coletor-caçador que não leva em conta as necessidades do outro reduziu a produção de negócios pela sétima parte, bem como levou mais da metade das pessoas a um comportamento belicoso e explorador.

A mentalidade do agricultor, que estando em contato com a terra atenta para as mudanças do tempo e em uma relação de longo prazo com a natureza promove um espírito mais produtivo no *networking*, enquanto o comportamento dos caçadores que são nômades e, portanto, não se comportam de forma a promover a recuperação do espaço que consomem, ainda que reconhecidamente uma forma viável de *marketing*, entretanto esta forma se mostra pouco produtiva no *networking* uma vez que reduz os ganhos a um sétimo.

Dictador com serviço

Agora fazendo com que as Annikas e Zeldas trabalhassem enchendo envelopes para ganhar o dinheiro teve como resultado que 72% ficassem neutros enquanto 28% das Annikas tiraram algum valor das Zeldas.

O serviço é uma grande ferramenta para redução da "criminalidade", o engajamento dos colaboradores, principalmente os mais ambiciosos, gera a redução pela metade da atitude caçadora, mas só engajamento não é suficiente para alcançar resultados no *networking*, se não estiver acompanhado da entrega e promoção de negócios do outro.

Conclusão

O ser humano e a forma de ele empreender evoluíram, mas a sua natureza gregária e seus comportamentos altruísticos com aqueles que consideram como parte de seu grupo permanecem, pois se uma criança chora nós todos choramos.

Então, neste pequeno estudo é possível observar através dos jogos: Ultimatum e Dictador, amparados pela Ciência da teoria de jogos, certos padrões de comportamento.

Primeiro, que tanto a oferta de cada indivíduo como voluntário, bem como a visibilidade de um processo promovem comportamentos honestos e generosos entre seus participantes desejáveis para um *networking* efetivo.

Segundo, um sistema que canaliza a generosidade de forma unilateral em direção a metas generosas promove aumento de ganhos financeiros de 30% para 40%. Neste sentido o uso de um grupo organizado de *networking* promove ganhos interessantes a seus participantes, bem como a ausência do mesmo como uma vitrine para visibilidade dos atos individuais sendo amplamente exibidos e reconhecidos gera atos não elogiáveis.

Entretanto, em terceiro lugar, é possível concluir que a permissão de atos que maculam a credibilidade alheia como fofocas e maledicência promove a redução do retorno financeiro pela metade. Tais atos são equivalentes a se queimar dinheiro.

Pode se apontar, como quarta conclusão, que os comportamentos agressivos de consumo e de venda de impacto no ambiente próprio do *networking* de negócios promovem a redução de ganhos de 70% para apenas 10%. Tal comportamento redunda na tendência natural de destruição do espírito de equipe e promoção de conflitos sistemáticos com mais de 60% dos membros até a degradação dos relacionamentos.

Por último, foi possível determinar que o engajamento dos indivíduos de comportamento mais agressivo em atividades das equipes de liderança é benéfico para a eliminação do comportamento "caçador".

Referência bibliográfica
Levitt, Steven D. Superfreakonomics: o lado oculto do dia a dia / Steven Levitt, Stephen Dubner; tradução Afonso Celso da Cunha Serra. Rio de Janeiro: 2010. <Capítulo 3>

Prezado leitor,

Você é a razão de esta obra existir, nada mais importante que sua opinião.

Conto com sua contribuição para melhorar ainda mais nossos livros.

Ao final da leitura acesse uma de nossas mídias sociais e deixe suas sugestões, críticas ou elogios.

WhatsApp: (11) 95967-9456
Facebook: Editora Leader
Instagram: editoraleader
Twitter: @EditoraLeader